!핵심만, 쉽게 콕!

커뮤니케이션 이론 활용서

(변인+가설+비평실습)

구민사

저자 **김보은**

연세대학교 언론홍보대학원에서 광고 PR 전공 석사학위를 취득했다. 목포 MBC, 광주 KBS, 여수 MBC, 현대 HCN 등에서 18년간 아나운서로, MC로, 작가로, DJ로, 리포터로 여러 분야를 아우르며 일해왔다. 현재는 커뮤니케이션 전략가로서 기업체와 관공서, 대학에서 스피치 강의를 펼치고 있다. 특히 공기업, 대기업, 공무원 면접을 준비하는 지원자들을 도우며 합격으로 이어지게 한 전략과 노하우를 [면접 합격 하이패스 스피치] 책에 담았다. 이번에는 대학 강의를 하며 커뮤니케이션 이론에 대해 어려움을 느끼는 학생들을 위해 [핵심만 쉽게 콕 커뮤니케이션 이론 활용서]이라는 책을 발간한다. 이 책을 통해 광고홍보 혹은 커뮤니케이션 관련 학과에서 다룰 기초개념 이론들에 대해 보다 쉽게 이해하며 이를 실제 사회 현상에 대입해 실습해 봄으로써 각 이론의 장단점을 파악해 볼 수 있길 바란다.

핵심만 쉽게 콕!

커뮤니케이션 이론 활용서(변인+가설+비평실습)

초판인쇄 | 2022년 8월 15일
초판발행 | 2022년 8월 31일

저자 | 김보은
발행인 | 조규백
발행처 | 도서출판 구민사 (07293) 서울시 영등포구 문래북로 116, 604호(문래동 3가 46, 트리플렉스)

전화 | (02) 701-7421~2
팩스 | (02) 3273-9642
홈페이지 | www.kuhminsa.co.kr
신고번호 | 제2012-000055호(1980년 2월 4일)

ISBN | 979-11-6875-083-8 (13320)
정가 | 22,000원

머리말

철학자 마틴 하이데거는 '언어는 존재의 집'이라고 했습니다.

이 말처럼 인간은 언어를 통해서 자신의 세계관을 드러내기도 하고 규정짓기도 합니다. 자신의 신념, 사고, 가치와 같은 내면을 언어를 통해서 표현하고 그 언어를 통해 정신 세계를 형성하고 지배하게 되는 것이지요.

그렇기 때문에 부정적이고 잘못된 언어는 자신을 단단한 감옥 속으로 옭아매는 사슬이 되기도합니다.

이렇게 앞뒤 꽉 막힌 존재의 감옥을 만들지 않기 위해서라도 언어에 대한 깊은 성찰이 이루어져야 합니다. 언어의 다양성과 확장성을 갖춰 자신의 존재의 집을 키워나가야 합니다.

그 방법 중 하나가 바로 '**앎**'입니다. 앎을 통해 지혜를 얻고 그 지혜가 앞으로 언어를 어떻게 사용하고 사회 집단 속에서 활용해야 할지 길을 안내해 줄 것입니다.

이 책은 18개의 핵심 커뮤니케이션 이론들을 담았습니다. 커뮤니케이션 이론의 '**앎**'을 통해 언어의 어제와 오늘을 살피고, 내일을 향해 어떻게 진취적인 언어를 사용해야 하는지 지침이 되어주길 바라는 마음을 꾹 눌러 담았습니다.

커뮤니케이션이 미디어와 결합해 대중에게 어떠한 영향력을 갖고 사회속에서 막강한 존재감을 보여줬는지 살펴보시기 바랍니다. 이를 통해 '**언어에 휘둘리지 않는 힘**'과 '**사회속에서 언어를 설득력있게 사용하는 힘**'을 길러보시길 바랍니다.

또한 이 책이 커뮤니케이션을 전공하는 이들에게는 학과에서 다룰 기초 개념 이론들을 보다 쉽게 이해해 실제 사회 현상에 대입해봄으로써 '**비평하는 힘**'을 기를 수 있도록 도움이 되어주길 바랍니다.

말이 부서진 곳에서는 어떤 사물도 존재하지 않는 법입니다. 우리는 분명 '**앎**'을 통해서 '**말의 힘**'을 더욱 견고히 다질 수 있을 것입니다.

이 책의 출판을 위해 적극적으로 도움주신 도서출판 구민사 조규백 대표님과 직원 여러분께 깊은 감사를 드립니다.

- 22년 8월 15일 퇴고를 마치고 -

목 차

I. 커뮤니케이션 이론의 배경과 가설

제1장 변인과 종류

제2장 2변인 가설의 종류

제3장 비평의 7가지 기준

II. 기초 커뮤니케이션 이론과 비평 및 실습

목 차

목 차

“ 핵심만 쉽게 콕! ”

커뮤니케이션 이론 활용서

(변인+가설+비평실습)

김보은

구민사

커뮤니케이션 이론 활용서

Communication Theory and Practice

I

커뮤니케이션이론의 배경과 가설

제1장 변인과 종류

1. 자연과학 VS 사회과학

커뮤니케이션 개념과 이론을 파악하기 위해서 먼저 '과학'이라는 개념에 대해 알아야 합니다. 일상생활 속에서 우리는 과학이라는 단어를 빈번하게 들어왔습니다. 하지만 그 '과학'이라는 단어의 뜻이 무엇이냐고 묻는다면 뭐라고 답하실 것인가요? 한참을 망설이게 됩니다. 정확하게 '과학'의 뜻에 대해 알고 개념을 잡아봅시다.

과학은 영어로 'science'입니다. 두 가지 라틴어 'scire' 혹은 'sciens'라는 단어에서 파생되었습니다. 뜻은 'to know' 'knowing' 즉 '앎에 대한' '앎'이라는 개념을 내포하고 있습니다. 쉽게 표현하자면, 즉 'way of knowing' '지식을 쌓는 방법' '알아가는 방법'을 말합니다.

이 과학 즉 '지식을 쌓고 알아가는 방법'에는 자연과학적 측면과 사회과학적 측면을 통해서 탐구할 수 있습니다.

과학의 분류	지식을 쌓고 알아가는 방법
자연과학적 측면	자연적으로 일어나는 현상과 세상의 이치 및 구조 탐구
사회과학적 측면	인간 사회 혹은 사회적 지식에 대해 탐구 및 연구

'자연 과학'은 자연적으로 일어나는 현상(naturally occurring phenomena)과 세상의 이치나 구조(structure of universe)를 탐구하는 분야입니다.

이에 비해 '사회 과학'은 인간 사회나 사회적 세계에 대한 지식을 탐구하고 연구하는 학문입니다. 즉, 두 학문의 가장 큰 차이점은 '자연적인 현상이냐 사회적인 현상이냐'라는 '배경 차이'로 볼 수 있습니다.

'커뮤니케이션'은 이중 사회과학에 해당합니다.

다시 말해서 커뮤니케이션은 사회적 현상이나 지식을 탐구하고 연구하는 학문에 해당됩니다.

즉, 커뮤니케이션의 효과가 세상에 미치는 영향력을 탐구하고 연구하는 학문이라고 보시면 되겠습니다.

2. 변인(variable)이란?

커뮤니케이션 이론이 사회 과학의 한 분야임을 앞서 챕터를 통해 확인했다면 이제 커뮤니케이션 이론들의 개념을 파악해 나가야겠죠? 그렇다면 여기서 말하는 '개념'이란 무엇일까요?

개념(concept)은 현실 세계의 한 부분을 추상화한 것(abstraction that describes a portion of reality)입니다. 다시 말해서 '추상화한 것을 다시 추상화하는 것'이라고 보면 되겠습니다. 그렇다 보니 이 추상화하는 과정에서 어쩔 수 없이 개념에 대한 '손실(loss)'이 발생합니다.

예를 들어 '소셜 미디어 이용'이라는 개념이 있다고 합시다.
이 개념을 개념화하는 과정에서 설명이 안되는 '구체성 결여' 즉 '손실(loss)'이 발생합니다. 실제 현실 세계에서 '소셜 미디어 이용'이란 개념을 소개할 때 '소셜 미디어 포스팅을 읽고 만들고 공유하는 구체적인 행동이다.' 이렇게 개념화한다면 '소셜 미디어 포스팅'이 무엇인지에 대한 한 차원 더 높은 메타 개념이 또 필요할 것입니다.

이러한 구체성이 결여된 맹점을 지니고 있는 것이 바로 '**개념(concept)**'입니다.
그래서 추상적인 개념을 구체화하고 세부화 해나가는 과정이 필요합니다.

이러한 역할을 하는 용어가 바로 '**변인(variable)**'입니다.
커뮤니케이션 이론의 가장 중요한 용어이기에 반드시 잘 숙지해야 합니다.

변인(variable)이란 개념을 세부적으로 표현하는 것(specific ways of describing a concept)입니다. 다시 말해서 '개념을 측정 가능하게 해주는 좀 더 구체적인 버전(measurable versio of a concept)'을 말합니다. 이러한 변인이 되기 위해서는 반드시 아래의 두 가지의 조건을 충족해야 합니다.
첫 번째 '**값을 측정 가능(measurable)**'해야 합니다. 즉 구체성 결여의 값을 측정 가능하도록 구체적인 가능 값을 제시할 수 있어야 합니다.

두 번째 **'2개 이상의 값(can take on two or more values)'**을 가져야 합니다. 만약 측정은 가능하지만 1개의 값을 갖는다면 그것은 변인이 될 수 없습니다.

변인의 조건	2가지 조건
측정 가능	구체적인 가능 값을 제시해야 한다.
2개 이상의 값	반드시 측정 가능한 2개의 이상의 값을 가져야 한다.

성별을 예로 들어볼게요.
성별은 남자, 여자 이렇게 2개의 값을 갖습니다. 이것은 변인에 해당될까요?
네 해당됩니다. 남자인지 여자인지 측정이 가능하고 남자 혹은 여자라는 2개 이상의 값을 갖고 있으니까요.

또 예를 들어볼까요?
'마른 남자와 뚱뚱한 남자'라는 조건은 어떤가요? 마르다, 뚱뚱하다에 해당되는 값이 존재하겠죠? 그리고 이 조건은 2개 이상의 값을 갖고 있습니다. 그러므로 변인에 해당됩니다.

그럼 남자라는 조건만 갖고 변인이 될 수 있을까요? 이것은 해당이 안 되겠지요?
남자인지를 확인하는 값은 갖고 있지만 2개 이상의 값을 갖고 있지 않으므로 변인이 될 수 없습니다.

소셜미디어에 로그인한 횟수, 포스팅한 횟수, 댓글 개수처럼 값이 측정 가능하고 2개 이상의 값을 갖고 있는 조건에 해당되어야만 변인이라고 볼 수 있습니다.

즉, 변할 수 있는 측정 가능한 값을 2가지 이상 갖고 있어야 '변인'입니다.

3. 변인(Variable) VS 비변인(Nonvariable)

커뮤니케이션 이론을 공부하면서 우리는 수많은 가설을 만나게 될 것입니다. **'가설'**이란 **'어떤 사실을 설명하거나 이론 체계를 연역하기 위하여 설정한 가정'**을 말합니다. 이로부터 이론적으로 도출한 결과가 관찰이나 실험에 의하여 검증이 되면 가설의 위치를 벗어나 일정한 한계 안에서 타당한 진리가 됩니다.

사회과학에서는 이 '가설'을 사회 조사나 연구에서 혹은 주어진 연구 문제에 대한 예측적 해답으로 정의하고 있습니다. 커뮤니케이션 이론에서도 가설을 통해 이론을 검증하게 됩니다. 이 검증 과정에서 필요한 것이 바로 '변인'입니다.

즉, 측정 가능한 두 개 이상 값을 갖는 변인들 사이의 관계에 대한 추정적 또는 가정적 서술을 통해 그 가설이 합당한 것인지를 밝히게 되는 것입니다.

이때 **가설이 가설로서 성립하기 위해서는 반드시 변인이 2개 이상 존재**해야 합니다. 즉, 2개 이상의 값을 갖고 있는 측정 가능한 변인이 2개 이상 존재해야 가설로서 인정할 수 있습니다. 그렇기 때문에 가설의 변인이 무엇인지 비변인은 무엇인지 명확하게 구별할 줄 알아야 합니다.

다음의 예시들을 통해서 명확히 구별해 보시기 바랍니다.

다음의 가설이 합당한지 밝혀보세요. 즉 변인이 2개 이상 존재하는지 찾아보세요.

예)

중국 사람들은 미세 먼지에 대한 걱정이 많다.

위의 가설은 합당한가요? 아닙니다.
왜냐하면 변인이 한 개만 존재하기 때문입니다.

그렇다면 '변인'은 무엇일까요? '중국 사람들'일까요? 아닙니다.

대부분 사람들은 '중국 사람들'이 변인이라고 생각하지만 이것은 기술적 서술에 불과합니다. 즉 '비변인'입니다. '중국 사람들'은 값을 2개 이상 갖지 않기 때문입니다. '중국에 사는 사람들'이라는 값 한 가지만 갖고 있으니까요.

위 가설에서의 변인은 '**미세 먼지에 대한 걱정도**'입니다. '미세 먼지에 대한 걱정의 많고 적음의 값'은 2개 이상 존재하므로 변인에 해당됩니다.
다시 말해서 위의 예시 문장은 변인이 1개만 존재하므로 가설의 조건에 합당하지 않기에 가설로 볼 수 없고 타당성을 입증할 수 없는 것입니다.

위의 예시 문장이 가설로서 합당하기 위해서는 다음과 같이 변인이 2개 이상 존재하도록 바꿔야 합니다.

예)

중국 사람들은 다른 나라 사람들에 비해 미세 먼지에 대한 걱정이 더 많다.

위의 예시처럼 바뀌면 변인이 2개가 됩니다.
즉, '중국 사람들과 다른 나라 사람들'과 '미세 먼지에 대해 걱정'이 변인이 됩니다. 다시 말해서 측정 가능한 값 2개 이상을 갖고 있는 변인이 2개 이상 존재하므로 합당한 가설이 되는 것입니다.

우리는 이렇게 확실한 변인을 갖는 가설을 확인하고 이를 검증하며 커뮤니케이션 이론의 합당성과 타당성을 밝힐 수 있게 되는 것입니다.

4. 독립변인(Independent variable) VS 종속변인(Dependent variable)

앞서 변인의 2가지 조건이 무엇이라고 했나요?

첫째, 측정 가능한 값을 가질 것
둘째, 2개 이상의 값을 가질 것이었죠.

이 조건이 갖춰지지 않으면 '비변인'에 해당된다고 앞서 밝혔습니다. 그렇다면 이번 챕터에서는 변인의 종류에는 어떠한 것들이 있는지 살펴보도록 하겠습니다.

먼저 변인은 원인과 결과에 의해서 '**독립변인**'과 '**종속변인**'으로 나뉩니다.

독립변인(Independent variable)은 가설 내에서 다른 변인에게 영향을 받지 않는 변인을 말합니다. 즉, 원인과 결과라는 인과관계 속에서 '인'에 해당하는 값을 말합니다.

종속변인(Dependent variable)은 가설 내에서 독립변인에 의해 값(value)이 영향을 받는 변인을 말합니다. 즉, 원인과 결과라는 인과관계 속에서 '과'에 해당하는 값을 말합니다.

변인 구분	원인과 결과 구분
독립 변인	원인에 해당
종속 변인	결과에 해당

그럼 다음의 예시를 통해서 독립변인과 종속변인을 구별해 볼까요?

> 예)
>
> **중국 사람들은 다른 나라 사람들에 비해 미세 먼지에 대한 걱정이 더 많다.**

위의 문장에서 독립변인과 종속변인을 찾기 전에 먼저 '변인'부터 찾아보시기 바랍니다. 변인은 '중국 사람들과 다른 나라 사람들' 그리고 '미세 먼지에 대한 걱정' 이렇게 2가지입니다. 이 변인들 간의 인과관계를 생각해 보며 독립변인과 종속변인을 구별해 보는 겁니다.

독립변인은 '중국 사람들과 다른 나라 사람들'이고, 종속 변인은 '미세 먼지에 대한 걱정도'입니다.

위 가설은 중국 사람들이 미세먼지에 대한 걱정을 더 많이 갖고 있다를 함의하고 있습니다. 즉 원인에 해당하는 변인(독립변인)이 '중국에 거주하느냐 안 하느냐'에 해당되고 결과에 해당하는 변인(종속변인)이 '미세 먼지에 대한 걱정이 더 많고 적음의 값'에 해당되는 것입니다.

그렇다면 인과관계란 정확하게 무엇일까요?
그리고 인과관계가 성립하기 위한 조건은 무엇일까요?

인과 관계는 말 그대로 한 현상은 다른 현상의 원인이고 되고 그 다른 현상은 먼저의 현상에 결과가 되는 관계를 말합니다. 이러한 인과관계가 성립되기 위해서는 다음의 3가지 조건을 갖추어야 합니다.

첫 번째 **공변(Covariation)**이 존재해야 합니다.

즉 같이 변하는 조건인 상관관계를 갖추어야 합니다. 위의 예시를 활용해서 설명하자면, 중국 사람들이 미세먼지를 걱정하는 수치와 다른 나라 사람들이 미세 먼지를 걱정하는 수치가 같이 변하는 조건을 갖추고 있어야 합니다.

두 번째 **독립변인의 선행(Precedence)**이 이뤄져야 합니다.

즉 독립변인이 종속 변인을 반드시 '선행' 해야 합니다. 위의 예시를 활용해서 설명하자면, 중국에 살고 있기 때문에 미세 먼지에 대한 걱정이 많아진 것이지 미세먼지에 대한 걱정이 많아져서 중국에서 살고 있는 것은 아니라는 것입니다.

다시 말해서 독립변인이 시간적으로 반드시 선행이 되어 있어야 인과관계를 성립할 수 있습니다.

세 번째 **비허위적 관계(Non-spurious relationship)**를 형성해야 합니다.

즉, 제3변인이 존재해서는 안 됩니다. 위의 예시를 활용해서 설명하자면, 중국에 거주하고 있는데 '새로운 오염원이 발생'하여 미세먼지에 대한 걱정이 더욱 많아졌다면 이 관계는 인과관계에 해당되지 않습니다. 왜냐하면 새로운 제3변인인 '새로운 오염원의 발생'의 원인으로 미세 먼지에 대한 걱정이 커질 수 있기 때문입니다.

인과관계 성립 조건 3가지	성립조건
공변	변인 간의 상관관계가 갖춰져야 함
독립변인의 선행	반드시 종속변인을 선행해야 함
비허위적 관계	제3변인 존재해서는 안 됨

다시 말해서 위의 3가지 조건을 갖추고 있는 인과관계 상태에서 독립변인과 종속변인을 구별할 수 있는 것입니다.

5. 범주형 변인(Categorical variable) VS 연속형 변인(Continuous variable)

변인은 인과관계에 의해서 '독립변인'과 '종속변인'으로 구별할 수 있었습니다. 또 변인은 **연속성의 유무**에 따라 '**범주형 변인**(Categorical variable)'과 '**연속형 변인**(Continuous variable)'으로 구별할 수 있습니다.

범주형 변인(Categorical variable)은 변인이 가질 수 있는 값들이 연속성 없이 질적으로 구분되는 경우에 해당됩니다.

예를 들어 '성별'의 경우 '남자, 여자'로 서로 값이나 수치, 구별이 연속선상에 없습니다. 대신 질적으로는 구별이 되기 때문에 '**범주형 변인**(Categorical variable)'에 해당됩니다.

예)

범주형 변인 : 성별, 전공, 혈액형, 거주 지역, 학부 전공

연속형 변인(Continuous variable)은 변인이 가질 수 있는 값들이 연속선상에서 규칙을 갖고 증가 또는 감소하는 경우에 해당됩니다.

예를 들어 '학력'의 경우 초등, 중등, 고등, 대학 이렇게 연속성을 갖고 증가 또는 감소의 값을 측정할 수 있으므로 '**연속형 변인**(Continuous variable)'에 해당됩니다.

예)

연속형 변인 : 학력, 나이, 지능지수, 연봉, 운동량

변인 구분	연속성의 구분
범주형 변인	변인의 값이 연속성 없이 질적으로 구분되는 경우
연속형 변인	변인의 값이 연속선 상에서 규칙을 갖고 증가 또는 감소하는 경우

즉, 범주형 변인(Categorical variable)과 연속형 변인(Continuous variable)의 구별은 그것이 갖고 있는 값이나 수치가 연속선상에 위치하느냐 그렇지 않느냐 하는 차이로 구별할 수 있습니다.

6. 예시 및 실습

1장에서 배운 변인과 가설을 만들어 봅시다.

1) 2변인 가설을 만들어 봅니다.

2변인 가설 :

2) 위 가설의 두가지 변인에 대한 구별과 설명을 해보세요.

독립 변인	종속변인
범주형 변인	**연속성 변인**

3) 위 가설의 인과관계를 설명해보세요.

인과관계 3가지 조건 만족 여부 :

제2장 2변인 가설의 종류

1. 차이(Difference)의 가설 VS 관계(Relationship)의 가설

이번 장에서는 가설의 관계에 대해 알아보도록 하겠습니다.

그전에 가설이 무엇인지 다시 한번 설명하자면 '**가설(hypothesis)**'이란 '**어떤 사실을 설명하거나 이론 체계를 연역하기 위하여 설정한 가정**'을 말합니다. 이로부터 이론적으로 도출한 결과가 관찰이나 실험에 의하여 검증이 되면 가설의 위치를 벗어나 일정한 한계 안에서 타당한 진리가 됩니다.

사회과학에서는 이 가설을 사회 조사나 연구에서 혹은 주어진 연구 문제에 대한 예측적 해답으로 정의하고 있습니다. 커뮤니케이션 이론에서도 가설을 통해 이론을 검증하게 됩니다.

2변인을 갖고 있는 가설의 경우 그 종류를 '**차이(Difference)의 가설**'과 '**관계(Relationship)의 가설**'로 나눌 수 있습니다.

차이(Difference)의 가설은 독립 변인이 어떤 그룹의 차이를 보여주는 '범주형 변인'에 속하고 종속변인은 '연속형 변인'에 해당할 때 그 가설을 '차이의 가설'이라고 합니다.

차이(Difference)의 가설 조건
차이의 가설 = **독립 변인**(범주형 변인 = 그룹) + **종속 변인**(연속형 변인)

예를 들어볼까요?

예)

결혼한 사람은 그렇지 않은 사람에 비해 주말 외출 빈도가 높다.

위의 가설을 차이의 가설로 볼 수 있을까요? 네, 차이의 가설이 맞습니다.
위 가설에서 독립 변인은 '결혼의 여부'이고 종속 변인은 '주말 외출 빈도'입니다.

독립 변인인 '결혼 여부'는 결혼한 사람들의 집단과 안한 사람들의 집단으로 그룹 간 차이를 갖고 있는 '범주형 변인'에 해당이 됩니다.
또 종속변인인 '주말 외출 빈도'는 주말 외출 빈도 값(예 : 주말 외출 빈도의 많고 적음 0에서 10 수치)을 연속선상 위에서 측정할 수 있기 때문에 '연속형 변인'에 해당됩니다.

이는 '차이의 가설' 조건인 독립 변인의 범주형과 종속변인의 연속형에 모두 만족되었기 때문에 '차이의 가설'로 인정됩니다.

관계(Relationship)의 가설은 독립 변인이 연속형 변인이고 종속 변인 역시 연속형 변인에 해당될 때 그 가설을 '관계의 가설'이라고 합니다.

관계(Relationship)의 가설 조건
관계의 가설 = **독립 변인** (연속형 변인) + **종속 변인** (연속형 변인)

예를 들어볼까요?

예)

수면량이 부족할수록 피로도가 높다.

위의 가설을 관계의 가설로 볼 수 있을까요? 네, 관계의 가설이 맞습니다.
위 가설에서 독립 변인은 '수면량'이고 종속 변인은 '피로도'입니다.

독립 변인인 '수면량'은 그 수치와 값이 많고 적음이라는 연속성을 갖기 때문에 '연속형 변인'에 해당이 됩니다.

또 종속변인인 '피로도'는 피로도의 높고 낮음의 값(예 : 피로도의 높고 낮음의 수치 0~10)을 연속 선상 위에서 측정할 수 있기 때문에 '연속형 변인'에 해당됩니다.

이는 '관계의 가설' 조건인 독립 변인의 연속형과 종속 변인의 연속형에 모두 만족되었기 때문에 '관계의 가설'로 인정됩니다.

2변인 가설의 종류	조건
차이의 가설	**독립 변인** (범주형 변인) + **종속 변인** (연속형 변인)
관계의 가설	**독립 변인** (연속형 변인) + **종속 변인** (연속형 변인)

정리하자면 2변인 가설의 경우 그 종류를 '차이의 가설'과 '관계의 가설'로 나눌 수 있는데, 이는 '독립 변인'이 '범주형이냐, 연속형이냐의 차이'에 따라 나눈다는 점을 기억하시기 바랍니다.

2. 양의 관계(positive relationship) 가설 VS 음의 관계(negative relationship) 가설

가설의 종류 중 '관계의 가설'은 다시 '**방향성(directionality)**'에 따라서 2가지 종류로 나뉘게 됩니다.

즉, 관계의 가설은 연속형의 독립 변인과 종속 변인을 갖고 있기 때문에 일정한 방향성을 갖게 되는데 이때 그 방향이 양이냐 음이냐에 따라 '**양의 관계(positive relationship) 가설**'과 '**음의 관계(negative relationship) 가설**'로 나뉩니다.

양의 관계(positive relationship) 가설은 독립 변인의 값이 높아질 때 종속변인의 값이 높아지거나, 독립 변인의 값이 낮아질 때 종속 변인의 값이 낮아지는 것을 의미합니다.

즉, 독립 변인과 종속 변인의 값이나 수치가 '**같은 방향**'일 때 '**양의 관계의 가설**'이라고 합니다.

양의 관계 (positive relationship) 가설 = 독립변인 ↑ + 종속변인 ↑
양의 관계 (positive relationship) 가설 = 독립변인 ↓ + 종속변인 ↓

예를 들어보겠습니다.

예)

수면량이 부족할수록 면역력이 떨어진다.

위의 예시에서 독립 변인인' 수면량'이 부족↓하면 종속 변인인 '면역력 수치'가 떨어진다↓로 같은 방향성을 갖고 있기 때문에 '양의 관계의 가설'에 해당됩니다.

반대로 **음의 관계(negative relationship)**의 가설은 독립 변인의 값이 높아질 때 종속 변인의 값이 낮아지거나, 독립 변인의 값이 낮아지면 종속 변인의 값이 높아지는 것을 의미합니다.
즉, 독립 변인과 종속 변인의 값이나 수치가 각각 '**다른 방향**'일 때 '**음의 관계의 가설**'이라고 합니다.

음의 관계 (negative relationship) 의 가설 = 독립변인 ↑ + 종속변인 ↓
음의 관계 (negative relationship) 의 가설= 독립변인 ↓ + 종속변인 ↑

예를 들어보겠습니다.

예)

수면량이 부족할수록 피로도가 높아진다.

위의 예시에서 독립변인인 '수면량'이 부족할 때↓ 종속변인인 '피로도'가 높아지기↑ 때문에 두 변이의 방향이 다른 '음의 관계의 가설'에 해당됩니다.

2변인 가설의 종류	조건
양의 관계의 가설	독립변인과 종속변인 값이 같은 방향성 지님
음의 관계의 가설	독립변인과 종속변인 값이 다른 방향성을 지님

정리하자면 관계의 가설은 독립변인과 종속변인의 수치와 값이 '**같은 방향성**'을 갖고 있으면 '양의 관계의 가설'이고 '**다른 방향성'을 갖고 있으면**' 음의 관계의 가설'임을 기억하시길 바랍니다.

3. 예시 및 실습

2장에서 배운 내용을 통해 가설을 만들어 보시기 바랍니다.

1) 차이의 가설과 관계의 가설을 만들어 보세요.

차이의 가설	
관계의 가설	

2) 위의 가설의 각각의 변인을 찾아보세요.

독립 변인	
종속 변인	
범주형 변인	
연속형 변인	

3) 위의 가설 중 '관계의 가설'이 양의 관계인지 음의 관계인지 설명해 보세요.

양의 관계	
음의 관계	

제3장 비평의 7가지 기준

1. 검증 가능성(testability)

자 이제 가설의 변인이 무엇인지 파악하고 그 관계와 종류에 대해 숙지하셨다면 본격적으로 각각의 커뮤니케이션 이론이 갖고 있는 가설을 검증하고 비평을 해야 합니다.
이번 장에서는 해당 이론을 검증하고 비평하는 방법에 대해 다루도록 하겠습니다.

이론을 검증하고 비평하는 비평기준 첫 번째는 '**검증 가능성(testability)**'입니다.
가설이 이론으로서 합당하다는 검증을 받기 위해서는 '변인들 간의 관계가 설명 가능'해야 합니다. 검증이 가능해야 이론이 현실에서 타당한지 판가름할 수 있기 때문입니다.
이러한 판가름을 하는 비평 기준이 바로 '**검증 가능성(testability)**'입니다.

검증 가능성(testability)의 조건은 '변인이 되기 위한 2가지 기준'을 갖추고 있는 가설인지 아닌지를 파악하는 것입니다. 변인이 되기 위한 2가지 기준 조건은 이미 1장에 다루었죠?
첫 번째, 측정 가능한 값을 가질 것, 두 번째, 2개 이상의 값을 가질 것입니다. 즉, 이론이 되기 위해 필요조건인 기준을 잘 부합한 가설인가 여부를 파악하는 비평 기준이 바로 '검증 가능성'입니다.

단, '**검증 가능성(testability)**'은 가능성의 높고 낮음을 평가하는 것이라 아니라 '가능한가' '불가능한가'로만 나눠 비평하게 된다는 사실은 꼭 기억하시기 바랍니다.

2. 반증 가능성(falsifiability)

이론을 검증하고 비평하는 기준 그 두 번째는 '**반증 가능성(falsifiability)**'입니다.

커뮤니케이션 이론이 현실 세계에서 타당한지를 파악하기 위해서 해당 이론에 대한 반증이 가능해야 합니다. 검증의 증거로서 의미를 갖는'반증' 가능성의 유무를 찾고 비평하는 방법이 바로 '**반증 가능성(falsifiability)**'입니다.

즉, 반증이 불가능한 이론은 이론을 지지하는 증거밖에 찾을 수 없기 때문에 지지 증거를 찾아도 의미를 갖지 못합니다. 그러므로 반드시 '**반증 가능성(falsifiability)**'을 갖고 있는 이론이어야 이론으로서 지지를 받을 수 있습니다.

예를 들어보겠습니다.

예)

여자가 남자에 비해 타인의 이해도가 높다.

위의 가설에서 '여성이 타인에 대한 이해가 높다'는 함의를 반증하기 위해서는 '남성이 타인에 대한 이해도가 여성에 비해 높다'를 반증하면 됩니다.

단, '**반증 가능성(falsifiability)**'은 무조건 반증이 되어야 한다는 뜻이 아닙니다. 반증의' 가능성'이 존재하면 됩니다. 다시 말해서 반증이 가능함에도 불구하고 검증을 해봤는데 반증을 찾지 못해야 좋은 이론으로 비평할 수 있습니다.

또한, '반증 가능성'도 '검증 가능성'과 마찬가지로 반증 가능성의 높고 낮음으로 평가하는 것이 아니라 반증 가능한가 불가능한가로만 나눠 비평한다는 사실을 꼭 기억하시기 바랍니다.

3. 예측력(Predictability)

이론을 검증하고 비평하는 기준 그 세 번째는 **'예측력(Predictability)'** 입니다.

이 비평 기준은 얼마나 종속 변인을 정확하게 잘 예측 가능하게 해주는가를 평가하는 기준입니다. 즉 종속변인의 정도를 모를 때 이론에 있는 나머지 변인들만 갖고도 종속변인을 정확하게 예측할 수 있는가 검증하는 것이 바로 예측력(Predictability)입니다.

예를 들어볼게요.

예)

환경에 관심이 많은 사람일수록 일회용품 사용 빈도가 낮다.

위의 가설은 독립변인의 영향으로 종속변인이 어느 정도의 영향력이 있는지 그 값이나 수치에 대해 정확하게는 모르지만, 가설의 변인들만으로도 어느 정도 예측이 가능합니다.
즉, 환경에 관심이 많으니 당연히 일회용품 사용 빈도가 낮을 것이라는 예측이 충분히 가능하다는 것입니다.

반대의 예시를 들어볼게요.

예)

성격이 좋은 사람들일수록 일회용품 사용 빈도가 낮다.

위의 가설은 성격의 좋고 나쁨에 따라 일회용품 사용 빈도가 높고 낮은지 변이만으로는 예측이 불가능하기 때문에 **'예측력(Predictability)'** 이 좋지 못한 가설이 됩니다.

단, **'예측력(Predictability)'** 은 예측력이 '있다 없다'의 기준이 아니라 높고 낮음의 '정도'로 판단, 검증 가능하다는 사실을 기억하시기 바랍니다.

4. 간결성/경제성(Parsimony)

이론을 검증하고 비평하는 기준 그 네 번째는 '**간결성/경제성(Parsimony)**' 입니다.

이 '**간결성/경제성(Parsimony)**' 비평 기준은 '예측력'을 전제로 두고 있습니다. 즉, '예측력'이 같을 경우 더 간결한 이론이 더 좋은 이론이라고 비평하는 기준을 '**간결성/경제성(Parsimony)**'이라고 합니다.

두 가지 가설이 존재할 때 변인이 많고 복잡한 가설보다 적은 수의 변인으로 알아보기 쉽고 수치화하기 쉬운 가설일수록 '**간결성/경제성(Parsimony)**'이 높습니다. 왜냐하면 간결한 가설일수록 변인 하나하나가 더 큰 역할을 하고 변인으로서 중요성을 갖고 있기 때문입니다.

예를 들어보도록 하겠습니다.

예)

1) 환경에 관심이 많은 사람들일수록 일회용품 사용 빈도가 낮다.

2) 메스미디어, SNS 활용도, 환경에 대한 관심, 친구가 많은 사람들일수록 일회용품 사용빈도가 낮다.

두 가설 중에 어느 가설이 '**간결성/경제성(Parsimony)**'이 높나요? 네 1번이지요. 독립변인인 '환경에 대한 관심도'만으로도 종속 변인인 '일회용품 사용 빈도'가 예측 가능하기 때문이지요.

반면 2번 가설은 독립변인이 많고 이 각각의 독립변인이 종속변인에 영향을 끼치는지 검증하는 과정에서 '**간결성/경제성(Parsimony)**'이 떨어지겠지요?

즉, '**간결성/경제성(Parsimony)**'이라는 비평 기준은 적은 수의 변인만으로도 해당 가설이 충분이 검증 가능할 때 높다 낮다의 '정도'로 평가할 수 있습니다.

5. 설명력(Explanatory power)

이론을 검증하고 비평하는 기준 그 다섯 번째는 **'설명력(Explanatory power)'** 입니다.

이 **'설명력(Explanatory power)'** 이라는 비평 기준은 얼마나 다양한 상황과 현상을 설명할 수 있느냐의 여부에 따라 검증 가능합니다. 얼마나 해당 상황을 '정확하게 설명하냐'의 여부는 현상의 원인이나 메커니즘을 잘 밝혀낼 수 있기 때문에 좋은 설명력을 갖춘 이론으로 볼 수 있습니다.

예를 들어 보도록 하겠습니다.

예)

환경에 대한 관심도를 0~10의 기준으로 봤을 때 8 이상의 수치의 관심도를 갖고 있는 사람들일수록 일회용품의 사용 빈도가 낮다.

위의 가설처럼 변인을 세세하게 설명함으로써 해당 현상이 발생하는 원인을 쉽게 밝혀내는데 유효하겠지요? 이처럼 해당 이론을 얼마나 정확하게 설명하냐의 여부를 밝히는 비평 기준을 **'설명력(Explanatory power)'** 이라고 합니다.

단, 설명력이 높은 이론은 대부분 '간결성'과는 상반되기도 하지만 간결하며 설명력이 높은 이론도 존재한다는 사실을 기억하시기 바랍니다.

설명력(Explanatory power)은 설명력이 있다/없다의 유무가 아닌 높다/낮다의 정도로 검증할 수 있습니다. 단 설명력이 높은 이론은 대부분 '간결성과는 상반도기도 하지만 간결하며 설명력이 높은 이론도 존재한다는 사실을 기억하시기 바랍니다.

6. 유효 범위(Scope)

이론을 검증하고 비평하는 기준 그 여섯 번째는 '**유효 범위(Scope)**' 입니다.

이 '**유효 범위(Scope)**'라는 평가 기준은 해당 이론이 어떤 범위에서 유효한가를 검증하는 것입니다. 모든 사회현상을 다 설명하는 이론이란 존재할 수 없습니다. 그렇기 때문에 **유효 범위(Scope)**를 두어 검증을 하는 것이 필요합니다. 그래서 '**유효 범위(Scope)**'는 넓으면 넓을수록 '일반화' 가능성이 높기 때문에 좋은 이론이라고 할 수 있습니다.

예를 들어 보도록 하겠습니다.

예)

한 분야에서 성공해 본 사람은 그렇지 않은 사람들에 비해 다른 분야에서도 성공 가능성이 높다.

위의 가설에서 '한 분야에서 성공 여부'라는 변이의 범위를 '운동에서의 성공 여부' '공부에서의 성공 여부' '예체능에서의 성공 여부'처럼 범위로 확대해도 위 가설이 성립한다면 '**유효 범위(Scope)**'를 넓게 갖고 있는 좋은 이론라 할 수 있겠지요?

즉, 가설이 어떠한 경계조건(boundary condition)에서 유효성을 갖고 있으면 '**유효 범위(Scope)**' 조건을 잘 갖춘 이론이 될 수 있습니다.

7. 아름다움/미학(Aesthetics)

이론을 검증하고 비평하는 기준 그 일곱 번째는 '**아름다움/미학(Aesthetics)**'입니다.

이 '**아름다움/미학(Aesthetics)**'이라는 평가 기준은 '간결함' '명료함' '진실됨'이 주는 아름다움입니다. 그렇다면 왜 이 평가 기준이 중요할까요?

아름답다고 느끼는 것은 그 가설이 직관적이기 때문에 명료하게 입증이 될 수 있습니다.

또 진실됨이 주는 깨달음이 있을 때 그 이론이 사회현상에 주는 효과가 클 것입니다. 그렇기 때문에 간결함과 진실함을 주는 이론인지의 여부는 '**아름다움/미학(Aesthetics)**'의 비평 기준이 됩니다.

예를 들어 보도록 하겠습니다.

예)

1) 긍정적인 사람이 더 오래산다.

2) 부정적인 사람이 더 빨리 죽는다.

위의 예시 중 '**아름다움/미학(Aesthetics)**'의 기준에 적합한 가설은 무엇일까요?

네 1번입니다.

예시 가설 1번이 더 '**아름다움/미학(Aesthetics)**'의 기준에 부합합니다. 긍정적인 프레임을 통해 해당 가설을 더욱 간결하고 진실성 있게 제시했기 때문입니다. 여기에서 '**아름다움/미학(Aesthetics)**'의 비평 기준은 '가능하다 불가능하다'의 기준이 아니라 '정도' 즉, 많고 적음의 값으로 비평 가능하다는 점을 기억하시기 바랍니다.

8. 예시 및 실습

· 3장에서 배운 비평 기준에 맞추어 2변인 가설을 완성해 보시고 검증, 설명해 주시기 바랍니다. 단, 검증 시 '검증 가능성'과 '반증 가능성' 유무를 살핀 후 나머지 비평 조건에 맞는 예시 가설을 완성하시기 바랍니다.

2변인 가설 비평	검증가능성(Testability) / 반증가능성(Falsifiability) 검증
예측력 (Predictability)	2변인 가설:
간결성/경제성 (Parsimony)	2변인 가설:
설명력 (Explanatory power)	2변인 가설:
유효범위 (Scope)	2변인 가설:
아름다움/미학 (Aesthetics)	2변인 가설:

커뮤니케이션 이론 활용서

Communication Theory and Practice

II

기초 커뮤니케이션 이론과 비평 및 실습

제1장 의제 설정 이론

1. 의제설정 이론의 내용

(1) 개념

의제 설정 이론은 '**미디어가 중요하게 다루는 의제가 공중의 의제가 된다**'는 이론입니다. 특정 주제에 대해 미디어가 주목하고 많이 다루면 공중은 그 이슈를 중요한 것으로 평가하게 된다는 이론입니다.

즉, 의제 설정 이론은 특정 주제, 아젠다를 미디어가 정한다는 것으로 매스미디어는 사람들의 생각과 태도에 영향을 미치며 미디어의 주목을 받는 이슈는 곧 사람들로 하여금 그 이슈를 중요한 것으로 평가하도록 한다는 것입니다.

(2) 배경 및 주요 연구

의제 설정 이론은 수정된 '강효과 이론' 중 하나로 1972년 미국 노스캐롤라이나 대학의 두 학자 맥콤스와 쇼(McCombs & Show)가 진행한 채플힐(Chaple Hill) 연구에서 처음 공식적으로 제시되었습니다. 맥콤스와 쇼는 미국의 요동치는 사회 분위기 속에서 캠페인 보도가 이슈의 중요성에 대한 공중의 지각에 미치는 영향을 검증하기 위해 연구를 설계했습니다.

두 학자는 매스 미디어를 통한 사람들의 태도 변화에만 초점을 두는 '제한 효과 이론'에서 한발 더 나아가 '의제 설정 이론'을 통해 매스미디어가 설정한 이슈가 세상에 대한 관점이나 지각의 변화 등 인지 변화에 영향을 미칠 수 있다는 점을 강조했습니다.

이를 입증하기 위해 1968년 대통령 선거 캠페인의 의제 설정 과정을 연구했는데요. 연구가설은 '**매스미디어가 정치 캠페인에 대한 의제를 설정함으로써 정치적 이슈에 대한 태도에 영향을 미친다**'는 것이었습니다.

이를 연구하기 위해 노스캐롤라이나 채플힐에서 결정을 내리지 않은 유권자 100명을 대상으로 미국에서 가장 문제가 되는 이슈가 무엇인가를 질문했습니다. 그리고 5개 신문, 2개 뉴스 잡지, 2개 TV 뉴스 프로그램 아이템을 15개 범주로 나누어 내용분석을 했습니다.

어떤 사회적 문제들에 대해 매스미디어가 할애하는 보도의 양(신문, 잡지의 경우에는 지면의 크기, 방송의 경우에는 시간)과 그 문제들에 대하여 수용자 즉 대중들이 얼마나 중요시하고 있느냐 정도를 분석한 것인데요. 그 결과 이들 간에 아주 높은 상관관계가 있음을 발견합니다.

두 학자는 매스미디어가 선거 캠페인에 대한 의제를 설정함으로써 사람들이 생각하는 선거와 관련한 중요한 이슈에 영향을 미침을 증명하였고 미디어 의제가 공중 의제에 큰 영향을 미치는 상관관계를 밝혀낸 것입니다. 즉 뉴스 미디어의 보도 양이 많은 이슈일수록 유권자들이 그 이슈에 대한 중요성을 높게 평가한다는 것입니다.
다시 말해 '미디어에서 강조한 이슈와 그 이슈가 중요하다고 여기는 유권자의 인식 간 상관관계가 강하게 나타남'을 밝혀낸 것이지요.

이 연구를 바탕으로 한 이론이 바로 '의제 설정 이론'입니다. 반복된 뉴스 보도를 통해 사람들에게 이슈의 중요성을 부각시키는 미디어의 능력을 잘 설명해 주는 이론이지요.

(3) 이론의 특징

의제 설정 이론은 다음의 4가지의 다음과 같은 특징을 갖고 있습니다.

첫째, '**프라이밍(Priming · 점화) 효과**'를 극대화한다는 것입니다.

의제 설정 이론은 '**프라이밍(Priming · 점화) 효과**'를 통해 미디어의 의제 설정이 강력한 방식으로 영향력을 미칩니다. 프라이밍 효과란 최근에 빈번하게 활성화된 개념이 그렇지 않은 개념보다 머릿속에 쉽게 떠오른다는 것을 나타내는 용어입니다. 즉 '머릿속에 떠오른 특정 개념이 이어서 제시되는 자극물의 지각과 해석에 미치는 영향'을 말합니다.
의제 설정 이론은 이 프라이밍 효과를 활용해 특정 이슈를 강조한 뉴스를 보여준 후 대통령을 평가했을 때 둘 사이의 상관관계를 연구했고 최근 시청한 뉴스에서 강조한 주제에 따라 대통령을 평가한다는 인과관계를 설명했습니다. 즉 특정 이슈에서 대한 부정적인 효과는 보도하지 않고 긍정적인 면만 보도함으로써 사람들에게 호의적인 이미지를 심는다는 사실을 밝혀냈습니다.

둘째, 이슈의 **두드러짐(Issue salience)**에 따라 효과가 달리 나타납니다.

두드러진 이슈보다 두드러지지 않은 이슈에서 의제 설정이 더 많이 일어납니다.

셋째, **구체성**에 따라 효과가 달리 나타납니다.

추상적인 이슈보다 구체적인 이슈에서 의제 설정 효과가 더 쉽게 일어납니다.

넷째, **내부적 요인과 외부적 요인**에 영향을 받습니다.

미디어에 소속된 편집인, 기자 개인, 조직의 성향 등 미디어의 내부적 요인과 이익단체 등의 외부적 요인, 미디어 간의 의제 설정, 이데올로기 등에 의해 영향을 받습니다.

2. 이론의 비판

1970년대 의제 설정 이론이 등장할 당시는 신문과 TV가 강력한 매스 미디어로서 힘을 발휘했습니다. TV의 메인 뉴스 보도와 영향력 있는 언론사에서 발행하는 신문의 1면 기사는 사람들로 하여금 사회현상과 관심도에 끌어올렸고 지속적인 매체의 보도로 인해 해당 이슈를 더욱 중요한 어젠다로 받아들였습니다.

또한 매체에서 다루지 않는 보도나 이슈는 사장되기 쉬웠고 주요 이슈로 다루는 문제에 집중하는 공중의 태도는 언론사의 힘을 더욱 키우게 하는 근거가 되기도 하였습니다. 때문에 많은 의제 설정 관련 실험은 신문과 TV 뉴스에 보도된 내용을 중심으로 진행됐습니다.

당시와 현재의 공통점은 전통 매스미디어가 힘을 잃기는 했으나 여전히 상당한 영향력을 가지고 의제 설정에 관여한다는 것입니다.

종이신문 구독자나 TV 뉴스 시청자 자체가 뉴스를 접하는 주요 채널에서는 밀려나기는 했지만, 언론사에서 주요한 의제로 제시하는 뉴스 자체는 포털과 SNS라는 또 다른 채널을 통해 여전히 중요한 의제로 논의되고 있습니다.

또한 지속적, 반복적 이슈 노출은 대중들의 지각과 해석에 영향력을 끼치고 있습니다.

하지만 공중에게 일방향적이고 선형적이었던 매스미디어의 영향력은 이제 뉴미디어의 등장으로 양방향, 다방향, 비선형적으로 변해 영향력이 분산되었다고 볼 수 있습니다.

다양한 뉴미디어, 소셜미디어의 등장은 미디어의 개인화를 이끌었고 단순히 받아들이는 뉴스 소비자에서 생산, 재편성하는 프로슈머의 시대로까지 진화했습니다. 매스 미디어의 이슈를 있는 그대로 받아들이고 그 아젠다를 중요한 이슈로 여기며 지각과 해석에 영향을 받았던 과거 시대와 달리 이제는 개인 미디어를 활용해 새로운 해석과 이슈로 재생산하며 다른 시각과 관점을 갖게 된 것입니다.

이처럼 전통적, 수동적 매스미디어의 소비자가 능동적이 되었다는 것은 의제 설정의 영역에서 정부, 정치권, 기업 등 엘리트 지배계층이 가지고 있던 권력이 이제는 정보의 생산자이자 수용자인 개인으로 이동한 것을 의미합니다. 다시 말해 전통적으로 수용자라고 이름 붙여졌던 일반 시민들이 더 이상 전통적 미디어의 의제 설정에 종속되어 있는 객체가 아니라, 스스로 의제를 설정하고 그 의제가 역으로 기존 미디어에 의하여 수용될 수 있도록 하는 커뮤니케이션의 주체로서의 가능성을 갖는다는 것을 의미합니다.

즉, 의제 설정 이론이 오늘날의 미디어 환경에서는 더 이상 막대한 힘을 갖지 못한다는 것입니다.

포털 뉴스에 개인의 의견을 댓글로 달거나 공유하는 것을 넘어서 이제는 시민기자, 블로거, SNS, MCN 등 다양한 형태로 뉴스를 생산하는 오늘날 미디어 환경은 '의제 설정 이론'이 과거 전통적 힘과 영향력을 발휘하지 못한다는 것을 통해 이 이론을 비판할 수 있을 것입니다.

3. 예시 및 실습

1) '의제 설정 이론'의 개념을 통해 이론의 가설을 완성하고 가설의 변인과 어떤 관계의 가설인지 분석해 보세요.

이론	의제 설정 이론	
가설		
변인분석	독립변인	종속변인
	범주형변인	연속형변인
관계분석	차이의 가설	관계의 가설
	양의 관계	음의 관계

2) '의제 설정'이론을 7가지 비평 기준에 맞춰 비평해 보세요.

2변인 가설 비평	검증가능성(Testability) / 반증가능성(Falsifiability) 검증
예측력 (Predictability)	
간결성/경제성 (Parsimony)	
설명력 (Explanatory power)	
유효범위 (Scope)	
아름다움/미학 (Aesthetics)	

제2장 침묵의 나선 이론

1. 침묵의 나선 이론 내용

(1) 개념

침묵의 나선 이론이란 여론이 형성되는 과정에서 자신의 입장이 다수의 의견과 동일하면 적극적으로 동조하지만 소수의 의견일 경우에는 남에게 나쁜 평가를 받거나 고립되는 것에 대해 두려워하여 침묵하는 현상을 말해주는 이론입니다. 여론 형성 과정이 한 방향으로 쏠리는 모습이 마치 나선 모양과 같다고 해서 붙여진 이름이기도 합니다. 고립에 대한 두려움과 주류에 속하고 싶은 인간의 강한 욕망을 침묵의 나선 이론을 통해 찾아볼 수 있습니다.

(2) 이론의 배경 및 주요 연구

독일의 커뮤니케이션 학자인 엘리자베스 노엘레 노이만에 의해 발전된 이론으로 '인간은 사회적 동물이다'에 입각한 이론입니다. 노이만은 소속 집단 내에서 개인들은 그들이 속한 집단이나 대중으로부터 소외되지 않으려는 탈소외 성향을 갖게 된다는 사실에 주목했습니다. 이에 기인하여 자신들의 의견이 소수의 의견이라고 느껴질 때에는 그 의견을 표출하여 집단이나 사회 속에서 고립되기보다는 오히려 '침묵을 지키려는 경향'이 나타나게 된다는 사실을 연구를 통해 밝혀냈습니다.
즉, 어떤 의견이 지배적이면 소수의 의견을 가진 사람의 영향력 또는 발언 의지는 낮아지며 결국 소수의 의견을 가진 사람은 자신의 의견을 표현하지 않게 된다는 이론을 입증합니다.

침묵의 나선 이론은 결과적으로 침묵하는 다수가 늘어나면 소수의견의 침묵은 더욱 가속화되는 반면, 지배적인 의견은 더욱 표출됨으로써 여론 형성 과정과 전파에 강력한 효과를 지니게 된다는 사실을 보여줍니다. 결과적으로 침묵의 나선은 하나의 관점을 이끌어 내게 되며 이에 반대되는 관점은 지지자들의 침묵으로 공중의 지각에서 사라지게 만듭니다.

(3) 이론의 특징

노엘레 노이만은 침묵의 나선 과정이 나타나는 이유에 대해서 매스미디어의 편재성과, 누적성, 일치성을 들어 설명했습니다. 즉 매스미디어는 어디에나 존재하며(편재성), 시간과 장소에 관계없이 동일한 메시지를 반복적으로 제시(누적성)하고 단일한 목소리를 내면서(일치성) 여론을 주도해 소수의 의견을 더욱 침묵하게 만드는 역할을 한다고 밝혔습니다. 각각의 역할을 정리하자면 다음과 같습니다.

① **편재성 :** 정보의 소스가 되는 매스미디어는 사회 전반에 광범위하게 존재한다.

② **누적성 :** 다양한 뉴스 미디어들이 시간이 지나며, 서로 다른 미디어 내용과 프로그램을 서로 반복하는 경향이 있다. 특히 특정 주제나 메시지가 일회적이 아니라 장기적으로 형성되어 누적된다는 점이다.

③ **일치성 :** 각종 신문과 잡지, 방송, 그리고 다른 미디어에 의해 공유되고 발전될 수 있는 사건이나 이슈에 대한 통일적 이미지를 제시한다. 이로 인해 사람들이 다른 메시지를 선택하기 힘들며 대다수의 사람들이 매스미디어가 제시하는 방향대로 문제를 바라보게 된다.

2. 이론의 비판

오늘날의 뉴미디어 등장으로 인해 사람들은 더욱 다양한 방법으로 의견을 교류하고 형성하고 있습니다. 특히 SNS는 사람의 힘 모으기(수렴)와 감정 나누기(확산)가 동시에 이뤄지는 공간으로써 의견 동조나 편승 현상이 더욱 쉽게 일어납니다. 이 과정에서 '침묵의 나선'이 발생할 수 있습니다.

기존의 매스미디어가 일방향적인 정보를 전달하는 것에 그쳤다면 최근의 뉴미디어 환경에서는 양방향적인 소통이 가능해져 타인과의 감정 교류와 편승이 더욱 또렷하게 나타나고 있습니다. 특히 카카오톡, 페이스북, 인스타그램과 같은 SNS 활동을 통해 스스로 선택한 파워유저를 발굴하고 그 속에서 성향이 비슷한 사람들과 의견을 나누면서 같은 견해를 형성하려는 즉, 주류 의견에 속하려는 경향을 갖게 됩니다. 더욱이 자신이 선택한 타임라인에 속한 집단 내에서 소수의 의견을 내었다가 고립될 수 있다는 두려움 때문에 의견이 다를 경우 침묵할 가능성이 높습니다.

하지만 역설적이게도 이러한 양방향 소통이 가능한 뉴미디어 환경 속에서 오히려 침묵의 나선이 줄어들 수 있습니다.
한쪽의 의견에만 편승하지 않고 소신 있게 자신의 의견을 피력하기도 하고 그러한 소수의 견해를 갖고 있는 사람들과 또 다른 소통 창구를 개설해 그 안에서 현재 주류의 의견을 견제하고 있습니다. 소수의 의견을 갖고 있는 사람들도 자신의 의견과 일치 혹은 동조하는 사람들이 있다는 사실을 주시하게 되면서 고립에 대한 두려움을 떨치고 주류 의견 속에서 당당하게 자신의 의견을 펼치고 있는 형국입니다.

또한, 오늘날 미디어 리터러시(다양한 매체를 이해할 수 있는 능력이며 다양한 형태의 메시지에 접근하여 메시지를 평가하고 의사소통할 수 있는 능력)를 함양한 사람들의 등장은 매스미디어의 편재성, 누적성, 일치성의 영향력에서 벗어나 스스로 주류 의견을 분석하고 팩트를 체크해 나가며 자신의 목소리를 내는 소신 있는 사람들의 힘을 키워주고 있습니다. 즉 소수의 의견이라 할지라도 그것이 정당하고 사실에 입각하다고 판달 할 때에는 소신을 갖고 발언을 해나가고 있다는 것입니다.

발 빠르게 움직이는 미디어 환경 속에서 나타나는 다양한 메시지는 주류 의견을 분산하고 침묵의 나선을 형성했던 사람들을 수면 위로 끌어올렸습니다. 특히, 침묵의 나선은 단기적인 효과가 아닌 장기적인 효과 측면에서도 그 효과를 예단 예측하기 어렵습니다. 시간의 흐름에 따라 주류의견이 소수 의견이 되기도 하고 소수 의견이 다시 주류 의견이 되기도 하기 때문입니다. 다시 말하자면 소수 의견의 침묵이 고립에 대한 두려움 때문이라면 더 이상 그 두려움을 갖지 않아도 되는 사회 분위기가 점점 형성되고 있다는 뜻입니다.

3. 이론 비평 및 실습

1) '침묵의 나선 이론'의 개념을 통해 이론의 가설을 완성하고 가설의 변인과 어떤 관계의 가설인지 분석해 보세요.

<table>
<tr><th>이론</th><th colspan="2">침묵의 나선 이론</th></tr>
<tr><td>가설</td><td colspan="2"></td></tr>
<tr><td rowspan="4">변인분석</td><td>독립변인</td><td>종속변인</td></tr>
<tr><td></td><td></td></tr>
<tr><td>범주형변인</td><td>연속형변인</td></tr>
<tr><td></td><td></td></tr>
<tr><td rowspan="4">관계분석</td><td>차이의 가설</td><td>관계의 가설</td></tr>
<tr><td></td><td></td></tr>
<tr><td>양의 관계</td><td>음의 관계</td></tr>
<tr><td></td><td></td></tr>
</table>

2) '침묵의 나선' 이론을 7가지 비평 기준에 맞춰 비평해 보세요.

2변인 가설 비평	검증가능성(Testability) / 반증가능성(Falsifiability) 검증
예측력 (Predictability)	
간결성/경제성 (Parsimony)	
설명력 (Explanatory power)	
유효범위 (Scope)	
아름다움/미학 (Aesthetics)	

제3장 제3자 효과 이론

1. 이론 내용

(1) 개념

제3자 효과 이론이란 사람들이 미디어를 접할 때 미디어 메시지가 자신에게는 영향을 미치지 않지만, 다른 사람들에게는 영향을 미친다고 느끼는 효과 이론을 말합니다. 즉 사람들이 미디어의 영향력을 평가할 때 일반 사람에 대한 영향력과 자신에 대한 영향력에 대해 이중 잣대를 가지고 있다는 것을 설명한 이론입니다.

다시 말해 특정 미디어 메시지가 '너'와'나'에게는 거의 영향을 미치지 않지만 '그들' 즉, 제3자에게는 큰 영향을 끼친다는 것입니다.

(2) 배경 및 주요 연구

1983년 필립 데이비스(Davison)가 제안한 제3자 효과 가설의 주요 내용은 사람들은 일반적으로 외부의 어떤 것에 영향을 받고 있다는 사실을 쉽게 인정하지 않는다는 경향이 있다는 것입니다.

미디어 효과와 관련해서도 본인에게는 큰 영향력을 미치지 않지만 다른 사람에게는 미디어의 영향력이 클 것이다라고 생각한다는 것이지요. 즉 사람들은 매스미디어의 메시지가 다른 사람의 태도와 행동에 끼는 영향력은 과대평가하면서도 자신에게는 관대하게 평가한다는 것입니다. 그러므로 제3자 효과의 기본 가설은 '특정 메시지가 자신에게는 거의 영향을 미치지 않지만 다른 일반 사람들에게는 큰 영향을 끼친다'는 것입니다.

이 '제3자 효과의 가설'은 인지적 가설, 행위적 가설로 구분될 수 있습니다.

첫째, **제3자 효과의 '인지적 가설'**입니다.

이 가설은 미디어 메시지가 사람들의 지각적인(인식) 요소에 영향을 끼친다는 기본 전제를 갖고 있습니다. 즉, 사람들은 매스미디어 메시지가 자기에게는 영향을 미치지 않지만 제3자인 타인에게는 상대적으로 더 큰 영향을 미친다고 지각하는 경향을 설명해 주는 가설입니다.

예를 들면 뉴스를 포함한 다양한 메시지에 이러한 편향된 지각이 발견되기 쉽고 특히 사회적으로 유해한 음란물의 경우 제3자 효과 지각은 더욱 크게 나타납니다.

둘째, **제3자 효과의 '행위적 가설'**입니다.

이 가설은 미디어 메시지가 사람들의 태도와 행동(효과)에 영향을 끼친다는 기본 전제를 갖고 있습니다. 즉 사람들은 매스미디어 메시지에 대한 편향된 지각이 궁극적으로 사람들의 태도와 행동에 변화를 가지고 올 수 있다는 것을 설명해 주는 가설입니다.

예를 들면 미디어 메시지가 자신보다 타인에게 더 큰 영향을 미친다고 생각할수록 사회적으로 유해한 내용에 대한 검열과 규제가 필요하다고 생각하는 경향이 크게 나타납니다.

(3) 이론 특징

'제3자 효과 이론'은 다음의 3가지의 요인들에 의해 크게 영향을 받습니다.

첫째, '메시지의 속성'입니다.

긍정적인 메시지에는 내가 영향을 받는다는 '제1자 효과'를 갖지만, 부정적 메시지에는 남들이 영향을 받는 '제3자 효과'를 발생시킨다는 요인이 바로 '메시지의 속성'입니다.

예를 들어 감동적인 메시지에는 '나는' 감화되지만 '제3자-다른 사람'은 영향을 안 받을 것이라고 생각하고 반대로 폭력적인 메시지에는 '나는' 영향을 받지 않지만 '제3자-다른 사람들'은 크게 영향을 받을 것이라고 생각하는 것입니다.

둘째, '사회적 거리'입니다.

자신과 비슷한 집단에 속한 사람들은 미디어 메시지의 영향을 덜 받지만 자신과 다른 집단에 속한, 즉 사회적 거리가 먼 집단의 경우 메시지에 대한 영향을 더 많이 받을 것이라는 견해를 갖고 있는 요인입니다. 이때 자신이 속한 집단이 긍정적인지 부정적인지에 따라 메시지의 영향력이 달라지며 준거집단이 어디에 속해 있냐도 중요한 변인이 됩니다.

예를 들어 뉴욕대학의 학생들은 시골 지역의 학생들과 미디어 메시지에 대해 다른 의견을 가질 것이라고 생각하는 것입니다.

셋째, '개인적 차이'입니다.

자아가 관여되는 개인적 차이는 미디어 메시지에 대한 영향력도 다르게 나타난다는 견해를 갖고 있는 요인입니다. 즉 자신과 비슷한 자아 성향을 갖고 있는 사람들을 해당 메시지에 대해 영향을 받지 않지만 다른 성향의 사람들은 영향을 더 많이 받는다는 것입니다.

대표적인 사례가 개인의 정치 성향입니다.

2. 이론의 비판

제3자 효과 이론은 기존의 연구들이 매스미디어에서 제공되는 다양한 메시지를 포괄하고 있지 못하다는 비판을 받고 있습니다. 그동안 연구 과제로 제시된 메시지들이 공통적으로 수용자들에게 잠재적인 손해를 입히는 결과를 가져올 수 있는 부정적 내용이 위주를 이루었기 때문입니다.

예를 들면 정치광고, 명예 훼손, 포르노 등 부정적인 내용을 메시지로 주어서 '나'와 '타인'인이 각각 받는 영향력을 연구했기 때문이지요.

특히, '제3자 효과 이론' 중 '메시지의 속성'이라는 요인에 대해 비판적인 의견이 있습니다. 긍정적 메시지는 타인보다 자신이 더 많은 영향을 받는다는 '제1자 효과'를 나타내고, 반면 부정적인 메시지의 경우에는 타인들이 더 많은 영향을 받을 것이라는 연구 사례는 다음과 같은 비판을 받고 있습니다.

수용자들은 자신에게 부정적인 결과를 초래하는 메시지에 대해서는 자신보다 다른 사람들이 더 많은 영향을 받을 것이라고 예상하겠지만, 긍정적인 효과를 가지는 메시지에 대해서는 그것이 자신들에게 미치는 효과와 비슷하게 다른 사람들에게도 영향을 미치리라 생각한다는 것입니다.

다시 말해서 '메시지의 속성'에 대한 차이가 아니라 메시지를 수용하는 사람의 입장에서 자신에게 그 '메시지가 이익이 되느냐 그렇지 않느냐'가 오히려 제3자 효과의 유무를 결정하는 관건이 된다는 것입니다.

3. 이론 비평 및 실습

1) '제3자 효과 이론'의 개념을 통해 이론의 가설을 완성하고 가설의 변인과 어떤 관계의 가설인지 분석해 보세요.

<table>
<tr><th>이론</th><th colspan="2">제3자 효과 이론</th></tr>
<tr><td>가설</td><td colspan="2"></td></tr>
<tr><td rowspan="4">변인분석</td><td>독립변인</td><td>종속변인</td></tr>
<tr><td></td><td></td></tr>
<tr><td>범주형변인</td><td>연속형변인</td></tr>
<tr><td></td><td></td></tr>
<tr><td rowspan="4">관계분석</td><td>차이의 가설</td><td>관계의 가설</td></tr>
<tr><td></td><td></td></tr>
<tr><td>양의 관계</td><td>음의 관계</td></tr>
<tr><td></td><td></td></tr>
</table>

2) '제3자 효과'이론을 7가지 비평 기준에 맞춰 비평해 보세요.

2변인 가설 비평	검증가능성(Testability) / 반증가능성(Falsifiability) 검증
예측력 (Predictability)	
간결성/경제성 (Parsimony)	
설명력 (Explanatory power)	
유효범위 (Scope)	
아름다움/미학 (Aesthetics)	

제4장 이용과 충족이론

1. 이론 내용

1) 개념

이용과 충족 이론(Uses and Gratifications Theory)은 매스미디어 수용자들은 개인적 특정한 욕구를 충족시키기 위해 미디어의 산물을 능동적으로 소비한다는 이론입니다.

즉, 매스미디어가 '사람들에게 어떤 영향력을 미치는가'라는 관점에서 '사람들이 미디어를 통해 어떤 정보를 수용하고 추구하는가'하는 '미디어 추구 동기'에 주목하는 이론입니다. 다시 말해서 수동적 개념인 '수용자'가 아니라 능동적인 '사용자' '해독자'의 역할에 초점을 맞춘 이론으로 기존의 미디어의 강한 지배력을 설명하던 강효과 연구와 다른 접근법을 갖고 있습니다.

2) 배경 및 주요 연구

1959년 사회학자 엘리후 카츠(Elihu Katz)에 의해 처음 제시된 이론으로 '사람들은 왜 미디어를 이용하고 무엇 때문에 그것을 이용하는가'라는 질문에서 출발되었습니다.

카츠는 매스커뮤니케이션 연구가 사양길에 접어들었다는 것에 반발하여 그렇다면'미디어가 사람들에게 무엇을 하는가'라는 질문에서 '사람들이 미디어를 가지고 무엇을 하는가'로의 방향 전환이 필요하다고 역설하며 사람마다 동일한 메시지를 매우 다른 목적으로 이용할 수 있다고 주장했습니다. 예를 들면 같은 TV 프로그램이라도 어떤 사람은 정보 추구를 위해서 시청을 하지만, 또 어떤 사람은 휴식을 위해 시청한다는 것입니다.

다시 말해 수용자들은 각자의 이용 추구의 목적에 따라 능동적으로 미디어를 해독한다는 것입니다.

이용과 충족이론의 기본 가정은 다음과 같습니다.

첫째, '수용자는 능동적이고 그들의 미디어 이용은 목적 지향적이다.'

미디어를 이용하는 수용자 대부분은 수동적인 존재가 아니라 능동적인 존재로서 목적 지향성을 갖는다는 것입니다. 대부분의 미디어 접촉 유형이 미디어 내용에 대한 수용자의 기대에 의래 결정된다는 의미를 내포하고 있습니다.

둘째, '수용자는 욕구 충족과 관련된 미디어를 선택 시 스스로 결정권을 갖는다.'

매스커뮤니케이션 과정에서 수용자가 욕구 충족과 관련된 미디어 선택의 결정권을 갖는다는 것입니다. 따라서 수용자의 태도와 행동에 대한 매스미디어의 내용이 직선적 효과를 갖는다는 이론에는 명백한 한계점이 따르고 있습니다.

셋째 '미디어는 욕구 충족 면에서 다른 미디어와 경쟁한다.'

매스커뮤니케이션을 일으키는 미디어는 수용자들의 다양한 욕구를 충족시키기 위해 다른 매체나 그들의 수단과 경쟁을 한다는 것입니다.

넷째, '사람들은 자신의 미디어 이용 관심 동기에 대해 충분히 인식하고 있다.'

사람들은 연구자들에게 미디어 이용의 정확한 이유를 제공할 수 있을 정도로 미디어를 이용하고 그들의 흥미나 동기를 충분히 잘 알고 있다는 것입니다.

다섯째, '특정 미디어나 내용을 욕구와 연결시키는 가치판단은 사람마다 다르다.'

미디어 콘텐츠에 대한 가치 판단은 오직 그것을 수용하는 사람들에 의해 평가되며 그렇기 때문에 사람마다 다르게 형성된다는 것입니다.

3) 이론 특징

이용 충족 이론의 가장 큰 특징은 미디어와 관련된 욕구를 잘 표현하고 있다는 것입니다. 이 이론에서는 미디어를 이용자의 5가지의 욕구 충족이라는 목적이나 동기에서 선택되는 것으로 보며 미디어는 사람들의 욕구를 만족시키는 다른 수단들과 경쟁 관계에 있다고 보았습니다.

이용 충족 이론은 사람들이 미디어를 이용하는 동기와 관련하여 정보와 지식 습득과 연관된 인지적 욕구, 정서적, 쾌락적 경험을 위한 감정적 욕구, 자신의 안정감이나 자신감을 형성하기 위한 개인적 통합의 욕구, 타인과의 교류를 강화하고자 하는 사회적 통합의 욕구, 도피나 기분전환을 위한 긴장 완화의 욕구 등에서 비롯된다고 설명하고 있습니다. 이를 정리하자면 다음과 같습니다.

① **인지적 욕구 :** 정보와 지식의 습득 및 이해를 강화하는 것과 관련된 욕구
② **감정적 욕구 :** 정서적, 쾌락적, 심미적 경험 등 감정적 경험을 강화하는 것과 관련된 욕구
③ **개인적 통합의 욕구 :** 신뢰성, 자신감, 안정성, 지위 등을 강화하려는 욕구로 인지적 욕구와 감정적 욕구가 복합된 자신의 통합을 위한 욕구
④ **사회적 통합의 욕구 :** 가족, 친구 등과의 교제 강화를 통한 친교 집단과 접촉하려는 사회와의 통합을 위한 욕구
⑤ **긴장 완화의 욕구 :** 자신과 사회적 역할의 접촉을 약화시키는 도피나 기분전환, 긴장완화 등과 관련된 긴장 해소의 욕구

2. 이론의 비판

이용과 충족이론은 매스커뮤니케이션 과정에서 개인에 관심에 초점을 두는 이론으로써 미디어를 이용하는 소비자의 지적 능력에 대한 경의를 표하고 있다는 이론적 장점을 갖고 있습니다. 또한, 사람들이 미디어 내용을 어떻게 경험하게 하는가에 대한 통찰력 있는 분석을 제공하고 있습니다.

또, 기존의 미디어의 수동적 수용과 관련된 강이론들과의 차별화를 두어 개인의 능동적 이용에 관한 연구를 했다는 점에서 큰 의미를 갖기도 합니다. 무엇보다 미디어의 이용을 일상적, 사회적, 상호작용 과정으로서 연구하면서 뉴미디어의 채택에 대한 수용자들의 동기나 욕구에 대해 통찰력을 제공했다는 장점을 갖고 있는 이론입니다.

하지만 이용과 충족이론 연구의 몇몇 구성요소와 특징들은 오랜 기간 연구 데이터가 이론을 충분히 뒷받침하지 못했다는 비판을 받아왔습니다. 그 비판 이유들을 구체화하면 다음과 같습니다.

첫째, 지나치게 개인주의적이고 쉽게 일반화될 수 없는 연구결과와 그 연구 결과들 간의 통합성의 결여를 그 첫 번째 이유로 들었습니다.
개인에게만 초점을 맞추고 사회적 구조나 사회적 구조 속의 매스 미디어의 위치에 대해 간과했다는 것입니다. 하지만 이용 충족 이론은 처음부터 개인을 연구하는 것이 목적이었으므로 목적으로서의 전제가 다르기 때문에 비판 근거로써는 부족한 면이 있습니다.

둘째, 핵심 개념 간의 명확성이 결여되어 있다는 것입니다. 비이론적이며, 주요 개념의 모호함으로 인해 비이론적이며, 자료수집의 단순성으로 인하여, 핵심 개념들 간의 의미적 차이가 불분명하다는 것입니다.

셋째, 능동적인 수용자 개념과 정확성의 결여입니다.
즉 사람들이 욕구를 충족시키기 위해 미디어 콘텐츠를 선택적으로 수용한다는 것은 분명하지만 정확히 이러한 과정에서 어떤 욕구가 충족되는지를 밝히는 것은 어렵다는 것입니다.

넷째, 통상적으로 이론이라고 불리기도 하지만 사실상 매스커뮤니케이션 연구를 위한 하나의 접근 방법 또는 연구 모형에 불과하다는 것입니다. 개인의 수백 가지의 욕구를 수집하거나 분류할 수 없어 중요한 개념에 대한 측정에 문제를 갖음으로써 연구 가치로서의 의미를 갖지 못합니다.

3. 이론 비평 및 실습

1) '이용과 충족이론'의 개념을 통해 이론의 가설을 완성하고 가설의 변인과 어떤 관계의 가설인지 분석해 보세요.

<table>
<tr><th>이론</th><th colspan="2">이용과 충족이론</th></tr>
<tr><td>가설</td><td colspan="2"></td></tr>
<tr><td rowspan="4">변인분석</td><td>독립변인</td><td>종속변인</td></tr>
<tr><td></td><td></td></tr>
<tr><td>범주형변인</td><td>연속형변인</td></tr>
<tr><td></td><td></td></tr>
<tr><td rowspan="4">관계분석</td><td>차이의 가설</td><td>관계의 가설</td></tr>
<tr><td></td><td></td></tr>
<tr><td>양의 관계</td><td>음의 관계</td></tr>
<tr><td></td><td></td></tr>
</table>

2) '이용과 충족'이론을 7가지 비평 기준에 맞춰 비평해 보세요.

2변인 가설 비평	검증가능성(Testability) / 반증가능성(Falsifiability) 검증
예측력 (Predictability)	
간결성/경제성 (Parsimony)	
설명력 (Explanatory power)	
유효범위 (Scope)	
아름다움/미학 (Aesthetics)	

제5장 개혁 확산 이론

1. 이론 내용

1) 개념

개혁 확산 이론은 새로운 아이디어나 기술이 어떻게 왜 어떠한 속도로 한 사회 구성원 전체에 전파되었는가를 살펴보는 이론입니다. 즉 개인이나 개혁을 채택하는 주체에 의해 새로운 것으로 지각되는 사고나 실천 또는 대상이 특정한 어떤 채널을 통해서 시간의 흐름에 따라 조직 내 구성원들에게 전파되는 과정을 살펴본 이론입니다.

개혁 확산 이론의 핵심은 5가지 종류의 수용자(혁신자, 초기 수용자, 초기 다수자, 후기 다수 수용자, 지체자)로 인해 새로운 개혁이 어떻게 5단계(지각, 인식 → 흥미 → 평가 → 시도 → 수용)로 수용이 되는지 설명하고 있습니다.
이 연구의 가장 중요한 발견이라 함은 '혁신의 수용은 잘 형성된 대인 관계의 유대감과 더불어 대중매체에 대한 노출도의 결합에 의존한다'라는 가설을 입증했다는 것입니다.

2) 배경 및 주요 연구

개혁 확산 이론은 산업혁명 이후 혁신이 증가되는 상황에서 1962년 애버릿 로저스에 의해 시작된 연구입니다. 산업혁명은 문맹률을 현저히 낮추게 되었고 그렇게 형성된 사람들 간 매스커뮤니케이션의 이용과 수용, 확산의 증가는 기본적인 생활 습관의 변화로 이어지게 되었습니다.

도시의 성장은 전통의 붕괴로 이어졌고 이에 고립된 개인은 새로운 상품과 아이디어 그리고 다른 혁신 정보를 제공하는 매스미디어에 더욱 의존하게 되었습니다. 이렇게 제공받은 정보를 수용하고 확산하는 과정에서 S자 커브 곡선을 나타내게 되고 시간의 간격에 따라 혁신을 도입하는 사람들의 유형의 차이를 보이게 되었습니다. 이렇게 혁신을 수용하는 같은 성향을 가진 사회 구성원들을 범주화해 다섯 집단으로 나누었습니다.

나눠진 수용자의 종류는 다음의 5가지로 나누어집니다.

① 혁신자(Innovators)

S자 곡선에 초기 2.5%를 이루는 초기 채택자를 말합니다.

제일 먼저 개혁을 받아들이며 변화를 끌어당기는 용기 있는 사람들로 전체 구성원의 2.5%를 차지합니다. 특히 폭넓은 인간관계를 형성하고 있으며 늘 새로운 아이디어를 시도하고 모험을 하는 사람들입니다.

② 초기 수용자(Eary Adoper)

대체로 존경받는 지역 인사로 사회적 지위가 높은 의견 선도자에 해당하는 사람들로 전체 구성원의 13.5% 차지합니다. 이들의 특징은 여론을 주도, 형성하는 힘을 갖고 있습니다.

혁신자나 초기 수용자의 경우 다른 구성범주의 사람들에 비해 개혁 채택속도가 빠르고 합리적이며 변화에 능동적이며 불확실성에 대해 높은 대응력을 갖습니다. 또한, 대중매체와 자주 접하고 적극적으로 지식과 정보를 추구하는 경향을 갖습니다.

③ 초기 다수자(Eary Majority)

신중한 사람들로 활발한 대인 상호 작용을 하고 전체 구성원의 34%를 차지합니다. 지도자의 위치보다는 다양한 사람들을 만나고 그룹을 형성하면서 커뮤니케이션을 형성하는 사람들입니다. 신중하지만 한번 개혁을 받아들이기 시작하면 기하급수적으로 확산 증가시키는 유형입니다. 그래서 이 초기 다수자들에 의해 혁신이 기하급수적으로 증가하게 되는데 이를 크리티컬매스(Critical mass)라고 합니다. 이 크리티컬매스라는 결정적 다수에 의해서 개혁이 take off가 되기도 하고 사라지기도 합니다.

④ 후기 다수(Late Majority)

회의적인 사람들로 의심이 많고 경제적 요구 또는 압력에 의해 개혁을 채택하는 사람들로 전체 구성원의 34%에 해당합니다.

⑤ **지체자(Leggards)**

새로운 아이디어에 비판적이며 전통적인 사람들로 전체 구성원의 16%에 해당합니다.

개혁 확신 이론의 핵심은 개혁을 받아들이는 이 수용자들에 의해 예측 가능한 패턴을 통해 그 개혁이 사회 전반에 확산된다는 것입니다. 이러한 패턴은 통상적으로 S자형 곡선 패턴을 그리게 됩니다.

새로운 개혁이 유입되면 먼저 새로운 아이디어를 받아들이는 모험가 즉 개혁자들에 의해 받아들여지게 되고 개혁의 유용함을 본 초기 수용자들에 의해 채택됩니다. 이들은 사회적 위치나 영향력을 발휘해 초기 다수자에게 확산을 하게 됩니다. 이것이 초기 다수자들에 의해 받아들여지게 되면 개혁을 받아들이는 그 수가 기하급수적으로 증가하게 됩니다. 그동안 회의적이었던 후기 다수 사람들도 사회의 요구나 압력에 의해 혹은 경제성이라는 유용성을 보고 받아들이게 됩니다. 그리고 마지막으로 지각 수용자인 지체자들에 의해 받아들여지게 되면서 다음과 같은 S자형 커브를 형성하게 됩니다.

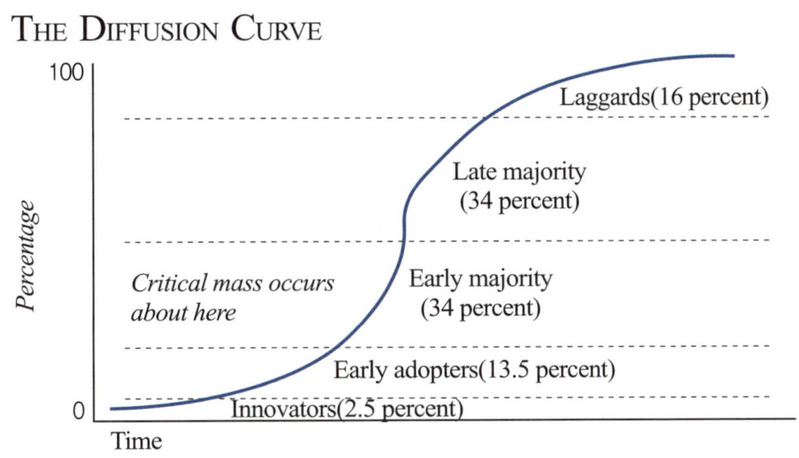

Source: Based on Everelt Rogers, *Diffusion of Innovations*. 1995 (pp. 262. 314)

이와 같은 5가지 종류의 수용자들은 각각 아래의 다섯 단계를 거쳐 수용하게 됩니다.

① 1단계 지각, 인식(Awareness)

: 개인에 의해 새롭게 여겨지는 아이디어나 이론, 문화, 언어, 물체 등에 대해 지각하거나 인식하는 단계. 대중으로부터 혁신의 존재는 확인했지만, 아직 정보가 많이 부족한 상태.

② 2단계 흥미(Interest)

: 혁신에 대해 지각과 인식을 통해 중대한 흥미 또는 욕구를 느끼게 되는 단계. 인식 후 관심으로 이어져 더 많은 정보를 추가적으로 스스로 찾아보는 상태.

③ 3단계 평가(Evaluation)

: 개인의 지각을 통해 이뤄진 혁신에 대한 중대한 흥미나 욕구(need)는 혁신을 받아들일 만한지, 만족할만한지에 대한 평가로 이어지게 되는 단계. 끌어모은 정보를 통해서 혁신의 현재와 미래 적용 가능성에 대해 시험해 보는 상태.

④ 4단계 시도(Trial)

: 개인의 평가로 만족할 만한 결과에 도달했다면 혁신을 작은 규모로 받아들여보는 시도로 이어지는 단계. 일부 신기술들을 획득해 매우 작은 단위로 용도를 사용, 확인해보는 상태.

⑤ 5단계 수용(adoption)

: 위의 4단계를 거쳐 자신의 욕구나 흥미를 충분히 만족시킬만하고 필요성을 충족시켰다면 마지막으로 혁신을, 혁신으로서 받아들이게 되는 단계. 개혁을 전면적으로 사용하고 도입하는 상태.

3) 이론 특징

개혁 확산 이론의 가장 큰 특징은 다음의 5가지 속성에 영향을 받는다는 것입니다.

첫째, 상대적 이점입니다.

상대적 이점이란 기존의 아이디어보다 좋은지에 대해 개인이 느끼는 정도입니다. 즉, 개혁이 이전의 아이디어나 테크놀로지에 비해 얼마나 개선되었는지 인식되는 정도의 속성입니다.

둘째, 양립성(호환성)과 일치성입니다.

잠재적 수요자의 욕구, 가치관, 경험에 얼마나 부합되는가 여부에 따른 적합성입니다. 즉, 개혁이 수용자의 기존 가치, 과거의 경험 그리고 욕구와 일치하고 있다고 인식되는 정도입니다.

셋째, 복잡성과 단순성입니다.

개혁에 대한 어려움의 인식 정도를 말합니다. 즉, 개혁을 이해하고 사용하기 얼마나 어려운가에 따른 복잡함과 단순성 정도의 속성입니다.

넷째, 시험 가능성입니다.

잠재 수요자가 개혁을 제한된 범위 내에서 어느 정도 시행해 볼 수 있는가에 따른 정도입니다. 즉 개혁이 실제로 사람들 사이에서 사용, 도입 시험 되고 있는 정도의 속성입니다.

다섯째, 관찰 가능성입니다.

개혁의 결과가 다른 사람에게 어느 정도 쉽게 보이는가에 따른 인지 정도를 말합니다. 즉, 개혁을 사용하는 수용자의 수나 수치, 도입 정도가 관찰 가능하는지 여부입니다.

위와 같은 5가지의 속성이 개혁의 도입, 수용, 확산, 전파에 영향을 주는 주요 특징입니다.

2. 이론의 비판

'개혁 확산 이론'은 다양한 종류의 혁신이 조직과 사회 구성원의 관심을 끄는 방법과 다른 범주의 사람에 의해 특정한 혁신이 수용될 때 만들어지는 패턴 그리고 혁신의 과정에서 대중들의 커뮤니케이션의 역할에 대해 잘 설명해 주는 장점을 갖고 있는 이론입니다.

하지만 개혁은 항상 좋은 것이라는 편향된 시각과 기술은 정적이 것이 아니며 개혁 확산 커브가 항상 생성되는 것이 아님에도 환경적 요인을 고려하지 않고 일반화 시켰다라는 점에서 개혁확산이론은 비판을 받고 있습니다. 정리하자면 다음과 같습니다.

첫 번째, 개혁 확산 이론은 개혁은 항상 좋은 것이라는 편향된 시각을 갖고 있습니다.

개혁은 항상 좋은 것이라고 보는 "친 혁신적 편향"은 확산 연구들이 성공적인 확산에만 주목했기 때문입니다. 반면 실패한 혁신에 대해서는 간과해 왔으며 잠재적 채택자가 혁신의 채택을 거부하거나 중단하는 이유 등에 대해서는 소홀히 다뤄왔다는 지적이 있습니다.

두 번째, 개혁 확산 이론은 개혁을 정적인 것으로 다루었다는 비판입니다.

개혁은 인간이 그것을 어떻게 받아들이고 어떻게 사용하느냐에 따라 발전 형태가 달라집니다. 하지만 개혁 확산 이론은 개혁을 정적인 대상으로 다루었습니다.
즉, 수용자들의 커뮤니케이션이나 매체를 통해 처음의 개발 의도와 달리 수용자의 인식과 평가, 의도가 더해지면서 변해가기 마련인데 이를 반영하지 못했습니다.

세 번째, 다른 특성의 변인들을 반영하지 않고 확산 커브가 항상 생성된다는 일반화의 오류를 갖고 있다는 비판입니다.

개혁 확산 이론은 혁신 채택에 영향을 미치는 주요 요인들을 제시하고 있지만 혁신 채택 요인들 간 구조적 관계에 대한 설명을 제시하지 못해 인과적 과정을 보여주고 있지는 못합니다. 개혁의 특성이나 그것을 받아들이는 수용자들의 환경적 요인을 고려하지 않고 확산 커브가 항상 생성된다는 일반화의 오류를 범하고 있습니다.

3. 이론 비평 및 실습

1) '개혁 확산 이론'의 개념을 통해 이론의 가설을 완성하고 가설의 변인과 어떤 관계의 가설인지 분석해 보세요.

이론	개혁 확산 이론	
가설		
변인분석	독립변인	종속변인
	범주형변인	연속형변인
관계분석	차이의 가설	관계의 가설
	양의 관계	음의 관계

2) '개혁 확산 이론'이론을 7가지 비평 기준에 맞춰 비평해 보세요.

2변인 가설 비평	검증가능성(Testability) / 반증가능성(Falsifiability) 검증
예측력 (Predictability)	
간결성/경제성 (Parsimony)	
설명력 (Explanatory power)	
유효범위 (Scope)	
아름다움/미학 (Aesthetics)	

제6장 문화 계발 이론(The cultivation theory)

1. 이론 내용

1) 개념

문화 계발 이론(The cultivation theory)이란 언론매체에 많이 노출된 수용자에게 언론매체가 강력한 영향력을 미친다는 이론입니다. 즉 언론매체가 현실 세계에 대한 정보를 전달하여 대중들이 사물에 대한 형체나 견해 생각을 구성하는데 있어서 직접적이고 강력한 영향을 미친다는 전제를 연구한 이론입니다.

수용자 즉, 대중이 현실 세계에 대해 갖고 있는 이미지는 언론매체에서 전달하는 내용에 계속해서 노출한 결과라는 전제를 갖고 있는 '**문화 계발 이론**(The cultivation theory)'은 수용자들의 인식이나 태도, 가치가 매스미디어의 영향력으로 인해 배양한다고 하여 이를 '**배양 효과**(cultivation influence) **이론**'이라도 부릅니다.

이 이론은 언론매체 중 특히 텔레비전은 지속적으로 일관성 있는 내용을 수용자에게 전달하기 때문에 수용자 즉 대중에게 현실 세계에 대한 특정 이미지를 계발하는 힘을 갖고 있다고 보고 있습니다.

2) 배경 및 주요 연구

텔레비전이 미국인의 생활 속에 깊이 파고들자, 미디어의 부정적인 효과에 대한 불안감이 공중의 의제와 정치적 의제로 부각되면서 1960년대와 1970년대에 미국의 대통령들은 위원회를 구성하여 텔레비전의 폭력을 연구하기 시작했습니다. 그리고 그것이 젊은이들에게 미치는 효과를 평가했습니다.

그중 가장 오랫동안 진행된 것은 '**문화지표 그룹**(the cultural indicators group)'이라고 불리는 조지 거브너의 '**TV에 비치는 폭력적 내용의 정도를 조사 분석한 연구**(1968년)'였습니다.

거브너는 1960대~70년대 TV가 주된 문화적인 환경에서 시청자들의 현실 인식에 영향을 미치는 연구인 '문화지표 연구'를 통해 하루 4시간 이상 TV 시청하는 '**중시청자**'와 4시간 이하로 시청하는 '**경시청자**'가 서로 다른 전형적인 대답을 하는 경향을 발견합니다. 즉, 경시청자들에 비해 중시청자들은 TV에 나타나는 세계에 근접한 답을 하며 그 영향력이 배양되는 '**배양 효과**'를 갖는다는 것이었습니다.

중시청자들은 강화된 불안감과 위험에 대한 느낌을 TV로부터 얻고 있었으며 중시청자가 범죄와 폭력, 사기 등을 실제 비율보다 과대평가하는 경향이 있음을 파악했습니다. 거브너는 이를 TV에 빠진 사람들은 세상이 실제보다 훨씬 폭력적이고 위험하다고 믿는 현상 즉 '**비열한 세상 신드롬(Mean world syndrome)**'이라는 조어로 표현했습니다.

이 연구를 통해 거브너는 TV가 폭력 행동의 잦은 묘사로 인해 시청자에게 현실 세계 속의 폭력 발생에 대한 인식, 생각, 관점을 더욱 과대평가하게 만든다고 결론을 내렸습니다. 즉 매스미디어가 공중의 마음에 잘못된 이미지나 인상을 배양시켜 중시청자들에게 특히 '**사악한 세계관(mean world view)**'를 갖게 된다고 주장했습니다.

3) 이론 특징

문화 계발 이론의 기본 가정은 '매스미디어 그중에서도 특히 텔레비전은 가장 강력한 문화적 무기로서 현실 세계에 대한 상징적 환경을 조성하여 인간에게 현실 세계에 대한 관념을 개발시켜 주고 있다'는 것입니다.

이를 세분화하면 다음과 같습니다.

첫째, TV는 미국 사회의 중심적인 문화적 도구이며 '역사상 가장 이질적이며, 분산되어 있는 대중들에게' '공통 인식을 개발하는 반복적이고 관례적인 상징체계의 주 생산원이다.'

둘째, TV는 보편적, 비선택적, 습관적으로 시청되고 있다.

셋째, TV 내용은 일부 추출된 개개의 요소에 한계지어 파악할 수 있는 것은 아니다. 즉, TV 세계는 스토리와 영상표현의 유기적인 체계이며 오직 메시지의 총체적인 분석(System-wide analysis)에 의해서만 공통의 가정이나 정의들이 조직화되어 있는 상징체계를 파악할 수 있다.

넷째, TV 시청의 보편적, 비선택적, 그리고 습관적인 성격과 TV 메시지의 유기적, 체계적 성격으로 말미암아 TV의 효과 연구에 있어서 전체 시청량이 시청자들의 취향적 프로그램 선택시청보다 더 중요하고 의미있는 변인이 된다.

다섯째, 시청자가 TV를 볼 때 그들은 줄거리나 배경 외에 부수적 정보를 습득한다.

이러한 가정하에 연구가 진행된 거브너의 문화 계발 이론은 학자들의 거센 비판에 의해 다음의 2개의 개념(주류화, 공명)을 도입하게 됩니다.

① 주류화(mainstreaming)

주류화(mainstreaming)는 TV의 중시청을 통해 사회 각 집단의 세계관이 하나로 수렴될 때 발생한다고 본 개념입니다.

즉, TV가 등장하기 이전에는 사람들의 생각이 획일적이니 않았으나, 매스미디어의 보급은, 특히 TV는 비슷한 내용을 유사한 이미지로 거듭 보여주면서 수용자들에게 획일적인 이미지를 형성하게 된다는 개념입니다.

② 공명(Resonance)

공명(Resonance)은 계발 효과가 특정 집단에 한해 더욱 크게 나타난다는 개념입니다.

즉, 경시청자에 비해 중시청자들에게 TV 속 메시지는 하나의 세계관으로 수렴되는 현상이 배양되어 주류의 의견으로 수렴, 공명된다고 밝혔습니다.

다시 말하자면 중시청자들은 TV 속에서 보여지는 이미지가 실제 현실에서 더욱 배양되어 세상을 불안한 장소라고 느끼게 된다는 것입니다.

2. 이론의 비판

거브너의 문화 계발 이론은 지나치게 매스미디어의 효과를 과소평가했던 종래의 효과 이론에 대한 재검토를 촉구했다는 측면에서 매스커뮤니케이션 효과 이론의 발전에 크게 기여했다는 이론적 장점을 갖고 있습니다.

하지만 대다수의 연구자들은 미국에서 텔레비전 프로그램을 상당량 수입하는 국가에서의 문화 계발 효과를 살펴보면서 해당 연구결과가 일관성이 부족함을 찾고 이를 비판했습니다.

비판의 구체적인 내용은 다음과 같습니다.

첫째, 일관성의 부족입니다.

문화 계발 이론은 주로 폭력성을 강조한 연구 주제를 변인으로 선정해 연구 결과를 밝혔기 때문에 다양한 주제에 대한 연구에서는 그 일관성이 나타나지 않는다는 비판입니다.

둘째, 변인 통제가 이뤄지지 않았습니다.

문화 계발 효과를 분석하기 위한 문화 지표연구에서 변인 통제가 이뤄지지 않아 더이상 이론으로서의 가치를 갖지 않는다는 것입니다.

단지 텔레비전에 의해 폭력성이 배양되는 것이 아니라 문화적 차이나 개인별 차이라는 제3 변인이 존재함에도 불구하고 이를 반영하지 못했다는 것입니다.

연구자 허쉬(Paul Hirsch)는 만약 동시에 다른 변인을 모두 통제한다면 문화 계발 이론이 TV에 의한 것으로 판단될 수 있는 잔여효과는 매우 적다고 주장하며 이 이론의 방법론적인 문제를 들어 비판했습니다.

셋째, 중시청자와 경시청자 사이에서 발견되는 차이를 설명하지 못했습니다.

중시청자와 경시청자 사이에는 나이, 교육, 성별, 교육 환경 등 무수한 변인에 의해서도 문화계발의 배양 효과 차이가 나타날 수 있습니다. 또한, 텔레비전의 시청과 중시청자와 경시청자의 문화적 상황, 맥락(Context)에 의해 그 태도나 생각이 달리 나타날 수 있다는 차이에 대한 설명이 부족합니다.

거브너의 위의 비판들에 대해 대항하기 위해 앞서 언급했던 주류화와 공명이라는 개념을 도입했지만 이는 문화계발이론의 본질적인 수정으로서 배양이론이 더이상 TV가 모든 중시청자에게 광범위하고도 일괄적으로 효과를 미친다고 주장할 수 없게 되었습니다.

3. 이론 비평 및 실습

1) '문화 계발 이론'의 개념을 통해 이론의 가설을 완성하고 가설의 변인과 어떤 관계의 가설인지 분석해 보세요.

<table>
<tr><th>이론</th><th colspan="2">문화 계발 이론</th></tr>
<tr><td>가설</td><td colspan="2"></td></tr>
<tr><td rowspan="4">변인분석</td><td>독립변인</td><td>종속변인</td></tr>
<tr><td></td><td></td></tr>
<tr><td>범주형변인</td><td>연속형변인</td></tr>
<tr><td></td><td></td></tr>
<tr><td rowspan="4">관계분석</td><td>차이의 가설</td><td>관계의 가설</td></tr>
<tr><td></td><td></td></tr>
<tr><td>양의 관계</td><td>음의 관계</td></tr>
<tr><td></td><td></td></tr>
</table>

2) '문화 계발'이론을 7가지 비평 기준에 맞춰 비평해 보세요.

2변인 가설 비평	검증가능성(Testability) / 반증가능성(Falsifiability) 검증
예측력 (Predictability)	
간결성/경제성 (Parsimony)	
설명력 (Explanatory power)	
유효범위 (Scope)	
아름다움/미학 (Aesthetics)	

제7장 2단계 흐름 이론(Two-Step Flow of Communication)

1. 이론 내용

1) 개념

1944년 사회학자 폴 라자스펠드(Paul Felix Lazarsfeld)와 버나드 베레슨(Bernard Berelson) 그리고 헤이젤 가우뎃(Hazel Gaudet)에 의해 제창된 가설로 매스미디어로부터의 정보나 영향력이 의견 지도자를 거쳐 대중들에게 수용된다는 매스미디어 소효과이론입니다.
즉, 매스미디어로부터 정보나 영향력이 일단 의견지도자를 거쳐 그 궁극적인 수용자들에게로 전달, 유통된다는 이론입니다.

2단계 흐름 이론은 미디어의 효과가 즉각적이고 강력하다는 강효과이론과 반대로 2단계 과정을 거쳐 미디어 효과가 나타난다고 본 매스미디어 소효과, 제한 효과의 대표적인 이론입니다.

2단계 흐름 이론에서 '의견지도자'란 매스미디어에 적극적으로 접해 정보를 먼저 습득하고 이를 다른 사람에게 전달해 영향을 미치는 사람을 의미합니다.
즉, 매스커뮤니케이션의 영향을 견제하는 소집단으로서 여론을 통제, 검열, 전달, 지도하는 게이트키퍼(gate keeper)로서의 기능을 하는 사람을 일컫습니다. 의견지도자들의 주요 역할은 정보에 밝지 않은 사람들에게 일반적인 정보와 해석을 제공하고 영향력을 행사하는 것입니다.

2) 배경 및 주요 연구

1940년대 미국 대선을 앞두고 이리카운티(Erie County) 투표자들은 어떻게 후보를 결정하는지에 대한 연구가 이뤄졌습니다. 당시 미국 대통령선거 후보는 민주당의 프랭클린 루즈벨트와 공화당 후보 웰델 윌키였습니다. 당초 연구는 언론 매체가 후보자와 선거 시안에 대한 정보를 전달하는데 있어서 어떠한 역할을 하는지 알아보는 것에 초점을 맞추었습니다.

이리카운티가 선정된 이유는 이 지역의 인구가 4만 3000명으로 많지 않았고 전체 국민 투표 양식을 가장 비슷하게 반영한 곳이었으며 공장 노동자 외에 농민도 많이 분포하는 지역이었기 때문입니다. 조사는 한 달에 한 번 총 7회에 걸쳐 이뤄졌고 1940년 5월 시작해 11월 마감했습니다.

연구자들은 600명의 주요 패널 표본과 매달 접촉한 결과 선거 정보를 미디어가 아니라 다른 사람을 통해서 얻는다는 뜻밖의 사실을 알아냈습니다.

즉, 투표에 거의 관심이 없는 사람들이 투표 의도를 결정할 때 정보원으로서 미디어보다 가족이나 지인(知人)을 언급하는 경우가 많아 그것을 계기로 이 가설이 탄생되었습니다. 이렇게 밝혀낸 가설을 바탕으로 정보에 밝지 않은 사람들에게 후보자와 선거에 대한 일반적인 정보와 해석을 제공하는 주요 역할을 하는 사람 즉 정보에 밝고 영향력을 주는 사람이 존재함을 찾았고 이들을 의견지도자(Opinion leader)라고 명명하게 되었습니다.

3) 이론 특징

2단계 흐름 이론의 주요 특징은 '의견지도자의 존재'입니다.
그들의 특징은 다음과 같습니다.

① 다른 사람보다 미디어와 캠페인에 더 많은 주의를 기울인다.
② 사회의 저명인사거나 영향력인 있는 인물로 여론 주도층에 해당한다.
③ 다양한 미디어 채널을 통해 자신의 의견을 어필 해석도 함께 전달한다.
④ 특별한 주제를 자신의 해석과 결합으로 구전을 통해 다른 사람들에게 전달한다.

2. 이론의 비판

후속 연구자들은 매스미디어의 정보가 2단계 유통단계를 거치지 않고 대인 간의 접촉 고리에 따른 다단계 유통(Multi step flow)이 존재한다며 2단계 유통이론을 비판했습니다. 또한, 매스미디어의 정보가 2단계 과정을 거치지 않고 직접적으로 개인들에게 영향을 미치는 등 다양한 비판과 반론을 이어갔습니다.

이 비판 내용을 정리하자면 다음과 같습니다.

첫째, 오피니언 리더와 다른 구성원 관계는 상하의 지휘 관계가 아니라 동료로서의 관계이기도 하며 테마에 따라 리더가 바뀌는 경우도 있다. 의견 지도자와 추종자의 구별이 명확하지 않고 언제든 새로운 주제에 따라 이들의 위치가 바뀌기도 한다.

둘째, 매스미디어의 정보가 2단계 유통단계를 거치지 않고 대부분의 사람들에게 직접적으로 전달되며 항상 여론 주도자에 의해 전달되는 것은 아니다. 1971년 웨슬리의 연구에 따르면 뉴스 기사들은 대인 정보원보다 매스미디어에 의해 훨씬 효과적으로 직접 확산됨을 알 수 있다.

셋째, 비리더의 구성원도 완전 백지 상태가 아니라 어떠한 선유경향을 갖고 있기 때문에 의견지도자의 의견이 아닌 다양한 매개 요인을 거치며 의견이 형성된다.

넷째, 같은 정보라 할지라도 시간차나 환경차에 의해 수용자들은 다른 행동을 할 가능성이 있다. 에베레트 로저스의 '개혁 확산 이론'에 따르면 초기 습득자의 경우 미디어 의존하고 후기습득자는 대인 정보원에 의존한다고 밝히고 있다.

다섯째, 매스미디어의 효과는 반드시 동일하지 않다. 특히 시사 문제에 관한 여론은 상호교환적으로 공유됨으로써 2단계 유통과정을 거치지 않으므로 항상 동일하지 않게 전파된다.

3. 이론 비평 및 실습

1) '2단계 흐름 이론'의 개념을 통해 이론의 가설을 완성하고 가설의 변인과 어떤 관계의 가설인지 분석해 보세요.

이론	2단계 흐름 이론	
가설		
변인분석	독립변인	종속변인
	범주형변인	연속형변인
관계분석	차이의 가설	관계의 가설
	양의 관계	음의 관계

2) '2단계 흐름'이론을 7가지 비평 기준에 맞춰 비평해 보세요.

2변인 가설 비평	검증가능성(Testability) / 반증가능성(Falsifiability) 검증
예측력 (Predictability)	
간결성/경제성 (Parsimony)	
설명력 (Explanatory power)	
유효범위 (Scope)	
아름다움/미학 (Aesthetics)	

제8장 게이트키핑(Gatekeeping) 이론

1. 이론 내용

1) 개념

게이트키핑(Gatekeeping) 이론이란 신문이나 방송 등 미디어에서 두고 있는 일종의 장치로써 편집자나 기자 등 뉴스 결정권자에 의해 뉴스가 취사, 선택되는 과정을 말합니다.

일반적인 용례로는 어떤 메시지가 선택이나 거부되는 현상을 말하지만 매스커뮤니케이션 연구에서 게이트키핑은 뉴스 미디어 조직 내에서 기자나 편집자와 같은 뉴스 결정권자에 의해 뉴스가 취사 선택되는 과정입니다. 이 과정에서 어떤 메시지는 선택되고, 어느 메시지는 사라지게 됩니다.

즉, 어떤 메시지라도 목표에 도달하기 위해서는 많은 문(Gate)을 통과하게 되고, 이 문을 통과할 수 없다면 필연적으로 어떤 메시지는 선택이 되고 어떤 메시지는 거부되는 과정을 따르게 되는 것입니다. 한편, 이 과정에서 메시지를 선택하는 결정권자에 의해 그 내용이 수정, 왜곡될 수 있으며 사회문화적 압력과 각종 외부적 요인들에 의해 공정성을 잃게 될 수도 있습니다.

이렇게 메시지의 취사선택이 이뤄지는 것을 게이트키핑(Gatekeeping)이라고 하고 게이트키핑을 하는 사람을 게이트키퍼(Gatekeeper)라고 합니다.

이와 같은 게이트키핑 과정은 다양한 요인에 의해서 결정이 되는데, 이 요인으로 뉴스 결정권자의 가치관, 세계관, 교배경, 성배경 외에 게이트키퍼가 속한 조직의 신념, 가치, 전통, 규범, 규칙에 의해서도 취사, 선택, 수정, 왜곡될 수 있습니다.

2) 배경 및 주요 연구

사회심리학의 선구자인 쿠르트 레빈(Kurt Lewin)에 의해 고안된 이론입니다.

레빈은 2차 세계 대전 당시 미국인 가정에서 준비하고 소비하는 음식을 선택하는 과정을 이해할 수 있도록 하는 개발에 대한 의뢰를 받습니다. 전선에 있는 1500만 명 군인에게 고기를 배급하기 위해 각 가정에서 내장이나 장기 등을 소비할 수 있도록 유도하기 위한 목적이었습니다. 이를 유도하기 위해 미국 가정 내에서 의사결정 과정이 어떻게 이루어지는지 연구하고 그들을 설득해 다른 부위를 소비하도록 하기 위한 연구였습니다.

레빈은 식품이 그 생산지를 출발해서 가정의 식탁에 오르는 경로를 연구하며 하나의 유통 회로를 따라 움직여나가는 것을 발견합니다. 즉 식품을 구매하거나 가족들의 식성을 변화시킬 수 있는 문을 열고 닫는 '주부'에 의해 식품이 식탁에 오르게 된다는 사실을 발견한 것입니다.

이 실용연구를 바탕으로 레빈은 하나의 식품이 유통 회로상 여러 게이트를 통과하게 되는데 이때 식품 자체의 원동력(impetus)에 의한 것이 아니라 게이트를 지배하는 '게이트키퍼'의 결정에 의해 식탁에 오르게 된다고 주장합니다. 즉 식품을 구매하거나 가족들의 식성을 변화시킬 수 있는 힘을 가정주부가 가지고 있다며 이와 같이 무엇을 포함시키거나 배제할지 결정적 역할을 하는 사람을 '게이트키퍼'라고 명명하고 이 과정을 '게이트키핑'이라고 밝혔습니다.

레빈은 게이트키퍼가 정보를 취사, 선택하여 전달함으로써 정치적, 사회적, 문화적, 도덕적으로 영향력을 행사하여 사회를 통제하고 정보 사용자들의 사회적 현실을 건설하게 된다고 주장했습니다. 그리고 사회적 변화는 이 '게이트키퍼'들에게 작용하고 있는 힘에 의한 결과물이라고 봤습니다. 즉 사회적 변화를 일으키기 위해서는 우선 게이트키퍼가 누구인지 파악하는 것이 중요하다고 밝혔습니다.

이후 레빈의 제자인 데이비드 매닝 화이트(David Manning White)에 의해 이 게이트키핑 이론이 대중 매체에 적용됩니다. 보스턴 대학의 의사소통에 대한 단과 학과장이었던 데이비드 매닝 화이트는 1950년 언론계간지에 게이트키핑 이론을 커뮤니케이션과 행위에 관해 발표했습니다. 그는 게이트키퍼인 신문 편집자가 뉴스를 취사 선택하는 과정에 영향을 미치는 주관적 요소들에 주목했습니다. 그 주관적인 요소란 게이트키퍼의 성장 배경, 교육, 환경, 가치관, 전통과 규범 등이었습니다. 이들 게이트키퍼가 갖고 있는 주관적 요소들에 의해 뉴스가 선택 거부되는 과정을 잘 담아냈습니다. 이를 두고 사회학자들은 조직 커뮤니케이션과 행위에 관한 의미 있고 흥미 있는 통찰을 제공했다고 평했습니다.

이러한 게이트키핑 이론은 스튜어트 후드(Hood, 1972)에 의해 매스미디어의 영향과 관계에 의해 명확히 규명됐습니다. 그에 따르면 오늘날 매스미디어의 게이트키퍼는 과반수가 중산층 의식을 소유하며 갈등보다는 합의의 정치를 지향하고 있는데, 바로 이것이 게이트키퍼의 뉴스관을 결정짓고 또 뉴스선택과정에 영향을 미친다고 밝혔습니다. 게다가 텔레비전 종사자들의 경우 사회적 배경이 동질적인 데다 팀워크를 중요시하는 조직적 성격으로 인해 합의정치의 근본규칙이 쉽사리 깨어지지 않는다는 것을 주장했습니다.

3) 이론 특징

언론에서 뉴스의 기본적인 기능은 '감시 기능' '사회적 유산의 전승 기능 ''사건과 사회의 연관 관계성'입니다.

첫째, 감시 기능입니다.

언론은 전 세계에 무슨 일이 일어나고 있는지 감시하고 있는 기자와 다른 전문적인 관찰자 구단을 가졌다는 것을 의미하는 기능입니다.

둘째, 사회적 유산의 전승 기능입니다.

일어난 사건의 연대기적 기록의 역할을 통해 사회와 문화발전에 공헌하는 기능을 합니다.

셋째, 사건과 사회의 연관 관계성입니다.

해당 사건이 일어난 원인을 규명하고 증거를 찾아 보도하는 역할과 기능을 합니다.

게이트키핑 이론에서는 이러한 뉴스가 지닌 가치와 기능을 다음과 같이 규명했습니다.

첫째, **영향(Impact)입니다.**

뉴스에서 사건을 다룰때 해당 이슈에 대해 영향을 받는 사람의 수를 더 많이 언급함으로써 해당 뉴스의 가치를 더 높게 측정한다는 것입니다. 예를 들어 한 열차가 탈선해서 한 사람이 사망한 경우와 수백 명이 사망한 경우 후자의 경우에 뉴스 가치를 더 높게 보는 것입니다.

둘째, **근접성**입니다.

가까운 지역에서 발생한 사건이 멀리 떨어진 곳에서 발생한 사건보다 뉴스 가치가 더 높다는 것입니다. 예를 들어 해외에서 일어난 사건보다 우리나라에서 내가가 머무르는 지역에서 일어나는 일이 더 크게 가치를 느끼는 것입니다.

셋째, **적시성(Timelyness)**입니다.

뉴스는 시의적절해야 하며 신선해야 한다는 것입니다. 즉 시일이 지난 뉴스보다 지금 막 일어난 사건을 전달하는 것이 더 가치가 크다는 것입니다.

넷째, **유명함(prominence)**입니다.

잘 알려져 있지 않은 사람보다 매우 익숙한 개인에 대한 뉴스가 더 가치가 크는 것입니다. 예를 들어 정치인, 스포츠 인사, 엔터테이너 등의 신상에 관한 뉴스입니다.

다섯째, **갈등(Conflict)**입니다.

개인이나 그룹간 갈등을 가지고 있는 뉴스가 더 가치가 있다는 것입니다. 예를 들어 환경보호론자와 개발론자의 갈등, 노조와 경영자, 종교 그룹 간의 갈등입니다.

여섯째, **공공성**입니다.

공적인 관심을 갖는 문제는 그렇지 않은 문제에 비해 뉴스 가치가 더 높다는 것입니다. 코로나와 관련된 뉴스가 관광객이 많아졌다는 뉴스보다 가치가 더 높다는 것입니다.

일곱째, **엽기(Bizarre)**입니다.

일반적인 뉴스보다 비정상적이고 괴이한 사건 사고가 가치가 더 높다는 것입니다. 예를 들어 UFO에 대한 보고나 버뮤다 삼각지대의 빅풋(Big foot)의 원인 규명에 대한 뉴스입니다.

2. 이론의 비판

게이트키핑 이론은 매스미디어 매체들의 언론 보도의 관점과 보도 여부에 영향을 미치는 과정을 잘 설명해 주고 있습니다. 초대형 자본을 투입해 설립한 언론사는 자신들의 정치적 성향이나 광고주와의 관계, 그리고 언론사의 기조에 따라 보도의 취사선택이 달라집니다. 게이트키핑이론은 이러한 뉴스 선택과 거부에 따른 요인을 설명하는데 기여했습니다.

하지만 오늘날 매스미디어의 역할 변화와 더불어 소셜미디어, 인터넷의 발달은 게이트키핑 이론의 적용 가능성을 현저히 낮추게 되었습니다. 인터넷의 발달로 인해 과거의 정보 사용자, 수용자가 정보를 만들어 배분하는 창출자, 공급자의 역할을 수행할 수 있게 된 것입니다.이러한 시대 변화는 자연스럽게, 정보 전달 방향이 단일했던 전통적인 게이트키핑 이론의 전복으로 이어지게 되었습니다.

1947년 당시는 신문이 대중의 여론을 형성하는 주류였습니다. 그렇기 때문에 신문이나 보도를 먼저 접하고 영향력을 갖고 있는 게이트키퍼의 영향력이 매우 컸고 그들로부터 정보의 취사선택 및 차단이 가능했습니다.

하지만 오늘날 미디어의 발달로 인해 SNS 등을 통해 누구나 가치 있는 정보 전달이 가능해졌고 스스로 정보를 미디어리터러시하며 취사 선택하게 되었습니다. 또한, 일반 시청자가 뉴스를 생산하고 소비자들에게 전달하는 언론사 고유의 기능을 대신함으로써 뉴스를 생산, 유통할 수 있는 권한이 부여되어 매스미디어의 역할이 축소, 다변화되었습니다.

무엇보다 보도 시점과 보도 독점도 불가능하게 되었습니다. 오히려 SNS를 통해 뉴스 보도 전에 이미 보도를 파악하고 진실규명과 자신의 의견을 피력하는 활동을 할 수 있게 된 것입니다. 이로써 시청자나 독자가 뉴스의 가치를 평가하고 게이트키퍼로서의 역할을 하게 되었습니다. **이제 게이트키핑에서 게이트와칭 시대로 진입하게 된 것입니다.**

이러한 이유들로 인해 게이트키핑 이론은 더 이상 현 시대에서 큰 영향력을 발휘하게 어렵게 되었습니다.

3. 이론 비평 및 실습

1) '게이트키핑 이론'의 개념을 통해 이론의 가설을 완성하고 가설의 변인과 어떤 관계의 가설인지 분석해 보세요.

이론	게이트키핑 이론	
가설		
변인분석	독립변인	종속변인
	범주형변인	연속형변인
관계분석	차이의 가설	관계의 가설
	양의 관계	음의 관계

2) '게이트키핑' 이론을 7가지 비평 기준에 맞춰 비평해 보세요.

2변인 가설 비평	검증가능성(Testability) / 반증가능성(Falsifiability) 검증
예측력 (Predictability)	
간결성/경제성 (Parsimony)	
설명력 (Explanatory power)	
유효범위 (Scope)	
아름다움/미학 (Aesthetics)	

제9장 지식격차이론

1. 이론 내용

1) 개념

지식격차이론(Knowledge gap theory)는 교육이나 사회적 지위에 따라 지식 격차가 증폭한다는 언론학 이론 중 하나로 정보 수집 능력에 있어서 계급 간의 차이가 존재한다는 이론입니다.

즉, 매스미디어 정보가 증가하면 높은 사회 경제적 지위를 가진 계층은 상대적으로 낮은 지위에 있는 계층보다 정보나 지식을 빠른 비율로 습득해 시간이 흐를수록 계층 간 지식 격차가 더 커진다는 것입니다. 지식도 일종의 자원으로써 경제적 부와 같이 공평하게 분배되어 있지 않음을 보여주는 이론으로 집단간 지식 격차는 주어진 어느 시점에서 더욱 크게 나타난다는 이론입니다.

이 이론에 따르면 지식 격차를 보이는 이유는 '사회경제적 차이에 의한 커뮤니케이션 기술의 지식격차이론' '이미 습득되어 있는 배경지식의 차이' '사회 경제적 지위에 따른 사회적 접촉의 차이' '선택적 노출 수용 기억의 차이' 등입니다.

2) 배경 및 주요 연구

지식격차 이론은 1970년대 미국의 커뮤니케이션 학자들인 티치노, 도나휴 그리고 올린(Tichenor, Donohue & Oline, 1970)의 매스미디어의 효과와 관련한 논문에서 첫 제기되었습니다.

티치노 등은 1969년 미국 정부가 빈곤 계층의 미취학 어린이들을 위한 프로그램으로 기획했던 '세서미 스트리트(Sesame steet)-미국의 공영방송 PBS 산하 기관 세서미 워크샵(Sesame Workshop)에서 제작되는 레전설급 어린이 대상 텔레비전 프로그램'에 대한 연구를 시작했습니다. 세서미 스트리트는 빈부 간의 격차를 줄이기 위한 목적으로 아이들을 대상으로 방영된 에니메이션입니다. 하지만 이 처음의 의도와 달리 나타나는 새로운 양상을 보이게 됩니다.

타지노 등은 이에 의구심을 갖고 해당 프로그램에 대한 연구를 한끝에 새로운 사실을 발견합니다. 똑같은 프로그램을 동일한 시간 동안 보더라도 부유한 집안의 어린이들이 빈곤 계층의 어린이보다 프로그램에서 더 많은 정보를 얻는다는 것이었습니다. 즉, 미디어를 통해 얻는 정보의 빈익빈 부익부 현상은 정보 부자(the informaton-rich)와 정보 빈자(the information-poor) 간의 '경제' '사회' '교육' '환경' 등에 의해 이뤄진다는 사실을 발견한 것입니다.

티치노는 하위계층이 공적 이슈에 무지하다는 점을 발견하고 지속적인 캠페인의 효과가 그다지 높지 않은 이유가 여기에 있다고 주장합니다. 보통 사람들은 매스미디어가 많이 다룬 토픽을 지식으로 얻게 되지만 고학력자, 상위층 계층, 경제적 지위가 높은 사람들은 매스미디어가 다루지 않은 정보도 많이 보유한다고 밝힙니다.

이유는 고학력자들이 다양한 분야의 광범위한 지식을 갖고 있고 보다 많은 관심과 이해, 기억을 하고 있으며 커뮤니케이션 능력을 갖추고 있다는 점, 또 오락보다는 정보 중심적 인쇄매체에 더 관심이 높기 때문이라고 주장했습니다.

즉, 매스미디어의 정보가 높은 사회, 교육, 경제적 지위를 가진 계층이 이에 비해 낮은 지위에 있는 계층보다 빠른 비율로 습득하며 시간이 지남에 따라 그 지식 격차가 증가하게 된다는 것입니다.

이렇게 지식 격차이론은 사회학에 중요한 정보이론으로 자리 잡게 되었습니다.

3) 이론 특징

지식 격차이론의 가장 큰 특징은 커뮤니케이션 영역에서 흔치 않은 프로그램적 연구, 즉 한 연구 결과가 문제를 제기하면 다른 연구자가 그에 답하기 위해 도전하는 식의 릴레이 연구로 진행해 왔다는 점입니다. 이와 같은 지식격차 이론의 핵심은 정보 미디어가 확산될수록 미디어 부자(media rich)가 사회의 파워 집단으로 자리 잡게 되고, 미디어 빈자(media poor) 집단은 상대적인 불이익을 받기에 집단 간의 격차는 더욱 심화된다는 것입니다.

이렇게 지식 격차가 지속되면 집단 간의 분극화가 이뤄지고 결국에는 사회 균열이 이어지기 때문에 이를 해소하기 위한 대안을 마련해야 합니다. 1970년대에 문제를 제기했던 원래의 연구자들은 주로 농촌 사회학과 저널리즘 분야 연구자들로서 그들은 지식 격차를 줄일 수 있는 다음과 같은 몇 가지 대안을 제시했습니다.

① **이슈의 유형 :** 실제로 사람들의 관심을 얻는 이슈가 따로 있으므로 그런 방식으로 형태화할 필요가 있다고 주장했습니다. 즉 특정 커뮤니케이션 캠페인의 목표 수용자를 명확하게 설정하고, 메시지를 해당 수용자 집단에 맞게끔 재구성하는 것이 필요하다고 주장했습니다.

② **커뮤니티의 크기와 유형 :** 커뮤니티의 규모가 작고, 농촌 지역의, 동질성 있는 지역에서는 지식 격차가 적은 반면, 복합적인 하위문화를 가진 도시는 격차가 크게 나타납니다. 따라서 사람들로 하여금 집단적 활동에 참여할 수 있도록 기회를 부여해야 한다고 주장했습니다.

③ **미디어의 이슈 보도량과 형태 :** 미디어가 이슈를 얼마나 많이 어떤 형태로 보도했는가에 따라 지식 격차가 벌어집니다. 예를 들어 흡연과 폐암의 상관관계는 뉴스에서 자주 다뤄 격차가 적은 반면, 성폭력 사건에 대해서는 격차가 크게 나타났습니다. 하여 더글러스 맥리 오드와 엘리자베스 퍼스(Douglas McLeod and Elisabeth M. Perse, 1994)는 언론인들이 제시하는 정보의 유용성을 강조함으로써 지식 격차를 줄일 수 있다고 주장했습니다.

④ **갈등적 이슈 :** 경찰의 야만성과 같은 갈등적 이슈는 격차가 적은 반면, 도시 개발에 대해서는 격차가 크게 나타났습니다. 갈등의 이슈의 격차를 줄여 보도해야 한다고 주장했습니다.

위의 대안들을 통해 지식 격차를 줄일 수 있다고 주장했습니다.

하지만 지식 격차 연구가 행해지며 사회 경제적 지위 변인과 정보량이라는 변인 사이에서 작용하는 다음과 같은 새로운 중개 변인이 발생할 수 있다는 연구 결과도 제기됐습니다.

첫째, **사회 경제적 차이에 의한 커뮤니케이션 기술의 차이입니다.** 예를 들어 교육수준이 높은 사람들일수록 읽기 능력과 문자 해독 능력이 뛰어나기에 정보를 습득하는데 더 유리할 수 있습니다.

둘째, **이미 습득되어 있는 배경지식의 차이입니다.** 이미 교육과 학습이 되었거나 미디어의 노출을 통해 지식이나 정보를 처리하는 배경지식을 갖고 있다면 해당 정보를 더욱 빨리 받아들일 수 있다는 것입니다.

셋째, **사회경제적 지위에 따른 사회적 접촉의 차이입니다.** 높은 지위와 경제력을 갖고 있는 집단은 그렇지 않은 집단에 비해 자신들만의 모임이나 포럼을 통해 사회 이슈나 현상, 정보들 더욱 많이 접함으로써 지식 격차가 벌어진다는 것입니다.

넷째, **선택적 노출과 수용, 기억의 차이입니다.** 낮은 사회, 경제적 지위에 있는 사람들은 공공 사건이나 과학뉴스와 관련된 정보 자체에 관심을 갖지 않을 수도 있으며 정보에 대한 기억이 낮을 수 있습니다.

다섯째, **매스미디어의 포커스 차이입니다.** 매스미디어는 사회경제적으로 높은 지위에 있는 사람들에게 맞추어져 있습니다. 즉, 보도의 경우 공공 사건이나 과학뉴스 등 활자 뉴스로 보도됨으로써 상대적으로 낮은 지위와 계급의 사람들이 접하기 어렵거나 관심 없는 분야일 수 있습니다.

이러한 요인들로 인해 지식 격차가 발생할 수 있다는 이론적 특징을 갖고 있습니다.

2. 이론의 비판

오늘날 지식 격차이론이 새롭게 주목받고 있습니다. 이유는 커뮤니케이션 테크놀로지의 발전에 따라 끊임없이 새로운 미디어가 출현하고 있기 때문입니다. 기술 혁신으로 인해 출현하는 뉴미디어는 보급 초기에는 대개 고가로 판매됩니다. 따라서 일부 전문 집단을 제외하면 경제적으로 여유가 있는 계층이 뉴미디어를 구매하게 되며 자연스럽게 그들은 정보의 이용과 습득에서 유리한 위치에 놓이게 됩니다.

이와 같은 현상은 새로운 뉴 미디어가 출현할 때마다 되풀이되며 사회 계층 간의 지식 격차는 줄지 않고 오히려 확대될 수 있는 것입니다. 다시 말해서 정보 미디어가 확산될수록 미디어를 풍부하게 보유, 이용하는 사람이 더 많은 힘을 갖게 되고 그렇지 못한 사람들은 불이익을 받게 됩니다. 그럼으로써 사회적으로도 이 계층 간의 지식 격차를 줄이기 위한 방법을 모색하고 활성화하기 위해 노력하고 있습니다.

하지만 지식 격차 이론이 갖고 있는 한정된 변인과 외부 요인을 반영하지 못한 점등은 비판의 대상이 되고 있습니다.

매스미디어의 영향력이 컸던 과거와 달리 현대사회는 다양한 매체와 소셜미디어, SNS 등의 증가로 인해 지식 격차이론의 범위를 축소시키고 있습니다. 특히, 매스미디어에 의해 정보를 생산, 제공, 전송받았던 수동적이고 일방향적인 수신자들이 이제는 미디어의 주체로서 정보를 재생산, 가공, 확산시키는 주체성을 갖게 됨으로써 지식의 격차와 간극을 좁혀나가고 있습니다.

또한, 지식 격차이론은 사회 경제적, 교육수준 등의 변인을 주로 다뤄 해당 결과를 설명했지만 다른 제3 변인이 존재함을 간과했습니다.

예를 들어 수용자들의 관심이나 동기에 따라 해당 지식 격차가 나타날 수 있음에도 계층 간, 집단 간의 차이라는 변인만을 고려했다는 것입니다. 무엇보다 연구자들이 검증하려는 정보가 조사 대상자들에게 유용하고 관련이 있는 것이어야 함에도 불구하고 이러한 변인을 고려하지 않은 채 연구 결과를 도출해내어서 비판을 받고 있습니다.

3. 이론 비평 및 실습

1) '지식 격차 이론'의 개념을 통해 이론의 가설을 완성하고 가설의 변인과 어떤 관계의 가설인지 분석해 보세요.

<table>
<tr><th>이론</th><th colspan="2">지식 격차 이론</th></tr>
<tr><td>가설</td><td colspan="2"></td></tr>
<tr><td rowspan="4">변인분석</td><td>독립변인</td><td>종속변인</td></tr>
<tr><td></td><td></td></tr>
<tr><td>범주형변인</td><td>연속형변인</td></tr>
<tr><td></td><td></td></tr>
<tr><td rowspan="4">관계분석</td><td>차이의 가설</td><td>관계의 가설</td></tr>
<tr><td></td><td></td></tr>
<tr><td>양의 관계</td><td>음의 관계</td></tr>
<tr><td></td><td></td></tr>
</table>

2) '지식 격차' 이론을 7가지 비평 기준에 맞춰 비평해 보세요.

2변인 가설 비평	검증가능성(Testability) / 반증가능성(Falsifiability) 검증
예측력 (Predictability)	
간결성/경제성 (Parsimony)	
설명력 (Explanatory power)	
유효범위 (Scope)	
아름다움/미학 (Aesthetics)	

제10장 정교화 가능성 모델

1. 이론 내용

1) 개념

정교화 가능성 모델(ELM,elaboration likelihood model) 이론은 태도의 변화(attitude change)를 설명하는 이중 과정 이론입니다. 메시지를 처리하는 경로에 따라 설득 메시지가 달라져야 함을 제안한 모델로서 설득의 이중 경로 모델이라고도 합니다.

정교화 가능성 모델 이론은 사람들은 광고와 같은 설득 메시지를 받아들일 때 중심 경로(central route)와 주변 경로(peripheral route)의 두 가지 경로를 통해 메시지를 처리한다고 가정하고 있습니다.

중심 경로란 수신자가 능동적으로 정보를 처리하고 또 메시지 주장의 합리성에 의해서 설득되는 경우에 관여하는 통로를 말합니다.

주변 경로란 수신자가 주장을 평가하거나 메시지 속의 정보를 처리하는데 인지적 에너지를 사용하지 않고 주변적 단서들에 의해 더 많이 좌우될 때 관여하는 통로를 말합니다.

두 경로 중 어떤 경로로 처리하는가는 메시지의 질이나 관여도, 동기와 능력 등에 따라 결정되며, 메시지를 인지적으로 심사숙고해서 처리하는 정도(정교화 가능성)가 설득을 결정하는 데 중요한 요소가 된다는 사실을 밝히고 있는 이론입니다.

2) 배경 및 주요 연구

정교화 가능성 모델은 1980년 리차드 페티(Richard E. Petty)와 존 카치포오(John Cacioppo)가 개발한 이론입니다. 이 모델은 자극을 처리하는 다양한 방법, 사용 이유 및 태도 변화에 관한 결과를 설명하는 것을 목표로 하고 있습니다.

우리는 언제나 주의 깊게 판단을 내리는 것이 아닙니다. 의식적으로 결정을 내리고 태도를 바꾸기도 하지만 때때로 모든 판단을 무의식적으로 하기도 합니다. 즉 비판적 사고를 동원해 메시지를 정교하게 판단하는가 하면 때때로 비판적 사고 없이 단순하게 판단하기도 한다는 것입니다. 이는 메시지를 받아들이는 방식이 다르기 때문입니다.

리차드 페티와 존 카치포오는 이러한 인간의 메시지를 받아들이는 방식을 연구하며 태도 변화(attitude change) 또는 설득을 위한 두 가지 주요 경로 2가지를 제시합니다. 바로 중앙 경로(central route)와 주변 경로(peripheral route)가 그것입니다.

*** 중심 경로(central route) : 수신자가 능동적으로 정보를 처리하고 또 메시지 주장의 합리성에 의해서 설득되는 경우에 관여하는 통로**

*** 주변 경로(peripheral route) : 수신자가 주장을 평가하거나 메시지 속의 정보를 처리하는데 인지적 에너지를 사용하지 않고 주변적 단서들에 의해 더 많이 좌우될 때 관여하는 통로**

페티 등(Petty et al. 1983)은 관여도에 따라 태도 형성 경로가 달라지는지를 연구했습니다. 그들은 실험에서 허구의 신제품 면도기 광고를 보여 주고 피실험자들의 관여도를 조작했습니다. 실험 방법은 다음과 같습니다.

① 60여 명의 피실험자들을 무작위로 두 집단으로 나눈다.
② 신제품 면도기 광고를 4가지 인쇄 광고로 나누어 보여준다.
③ 설문지를 이용해 신제품 면도기에 대한 태도를 측정한다.

위의 실험을 진행하기 위해 해당 신제품 광고의 단서를 중심 경로와 주변 경로로 나눠 조작합니다.

먼저 중심 경로로 제품 자체에 대한 광고 메시지를 강메시지와 약메시지 2가지 단서로 나눠 전달합니다. 면도기가 과학적으로 설계됐으며 제품의 우수성을 강조한 단서와 제품의 모양이 세련됐다는 점을 강조하고 제품의 우수성은 강조하지 않은 단서입니다.

다음은 주변 경로로 광고모델을 이용했습니다. 광고모델로서 유명한 스포츠맨과 평범한 일반인을 이용해 두 가지 단서로 조작했습니다.

이렇게 중심경로 단서 2가지와 주변경로 단서 2가지를 결합해 4개(2X2)의 인쇄광고를 피험자들에게 보여주고 태도를 측정한 것입니다.

[신제품 면도기에 대한 정교화 가능성 모델]

정교화 가능성 모델	
[중심경로] 신제품 면도기 제품자체에 대한 광고	1. 과학적 설계로 이뤄진 우수한 품질 2. 세련된 모양을 갖춘 제품
[주변경로] 신제품 면도기의 광고 모델	1. 유명한 스포츠맨 2. 일반인

[4가지 인쇄광고]

정교화 모델	
중심경로 + 주변경로	1. 과학적 설계로 이뤄진 우수한 품질 + 유명한 스포츠맨 광고모델 2. 과학적 설계로 이뤄진 우수한 품질 + 일반인 광고모델 3. 세련된 모양을 갖춘 제품 + 유명한 스포츠맨 광고모델 4. 세련된 모양을 갖춘 제품 + 일반인 광고모델

위 연구 결과 광고 모델의 매력도가 상표 태도에 미치는 영향력은 고관여 소비자보다 저관여 소비자에게 더 크며, 메시지 질의 영향력은 저관여 소비자보다 고관여 소비자에게 더 큰 것으로 나타났습니다.

페티와 카치오포의 초기 연구들을 비롯해 이후의 연구들은 정교화 가능성 모형을 검증하기 위해 관여도를 실험 변인으로 선정하고, 관여가 설득 메시지의 정보 처리에 미치는 영향에 대한 설명을 제공했습니다.

또한, 지금까지 설득 상황에서 중요하게 여겼던 여러 개념을 체계적으로 분류하여 하나의 종합적인 모델로 만들었다는 데 큰 의의가 있습니다. 따라서 설득의 경로를 크게 두 가지로 나누어 각각의 상황에 맞는 적합한 광고 전략을 수립하는 것이 가능해졌습니다.

3) 이론 특징

정교화 가능성 모델 이론은 설득 메시지를 처리할 때 관여되는 인간의 인지적 노력이 어떤 경로로 이뤄지는지 설명해 준 이론입니다. 즉 메시지를 받아들이는 방식의 차이에 의해 행동과 태도를 결정함을 이론적으로 설명하고 있습니다.

이 이론에 의하면 외부정보는 2개의 통로, 즉, 중심 경로(central route)와 주변 경로(peripheral route)를 통해 전달됩니다.

이 가운데 중심 경로를 사용하는 정보 전달 행위만이 비판적 사고를 동원한다고 밝히고 있습니다. 일단 중심 경로를 통과하는 정보는 이전 경험을 바탕으로 활발한 비판 작업을 일으키며 이로 인한 태도 변화는 장기적이고 나아가 행동에도 영향을 미칠 수 있습니다.

태도의 변화가 장기적으로 지속될 수 있는 이유는 이때의 태도 변화가 소비자의 적극적인 참여로 이루어진 것이기 때문입니다. 즉, 소비자가 메시지에 포함된 정보인 중심 단서(central cues)를 이용해 해석하는 과정에서 의식적이고 적극적인 인지 노력을 기울였기 때문입니다.

또한, 중심 경로를 통해 형성된 태도는 새로운 설득이나 부정적 정보에 대응하는 저항력을 지니기 때문입니다.

반면, 주변 경로를 통해 전달되는 정보는 비판적 사고를 동원하지 않고 이뤄집니다. 이때 만약 태도 변화를 일으키더라도 그것은 일시적이며 행동에도 미미한 영향을 미칠 뿐입니다.

위와 같은 이론의 특징을 정리하면 다음과 같습니다.

정교화 가능성 모델 경로의 특징	
중심 경로	1. 비판적 사고를 동원함 2. 수신자가 능동적으로 정보처리 3. 메시지에 대한 합리성을 가짐 4. 지속적인 영향력을 가짐 5. 행동과 태도의 강한 변화를 일으킴 6. 의식적으로 메시지 수용 7. 새로운 설득이나 부정적 정보에 대한 대항력을 가짐 8. 정보 자체의 맥락에 중점을 둠
주변 경로	1. 비판적 사고를 동원하지 않음 2. 수신자가 수동적으로 정보처리 3. 메시지에 대한 비합리성을 가짐 4. 단발적인 영향력을 가짐 5. 행동과 태도에 미미한 영향 6. 무의식적으로 메시지 수용 7. 새로운 설득이나 부정적 정보에 대한 대항력 부족 8. 정보 자체보다 주변 환경의 맥락 정보에 중점을 둠

정교화 가능성 모델에 의하면 주어진 메시지가 자신에게 중요한 내용일 때는 중심 경로를 통해 메시지가 처리됩니다.

이 중심 경로로 메시지를 처리하기 위해서는 메시지를 인지적으로 처리하고자 하는 '동기(motivation)'와 이를 인지적으로 처리할 '능력(ability)'이 필요합니다. 즉, 중심 경로에서 비판적 사고를 적용하는 정도는 주로 개인의 동기와 능력에 달려있다는 것입니다.

여기에서 동기와 능력은 메시지의 다음의 세가지 요소들로 인해 달라집니다.

첫째, 관여성입니다.

설득 메시지의 주제와 관련하여 개인이 얼마나 관여하는지에 따라 동기가 달라진다는 것입니다. 즉, 주제가 자신에게 중요할수록 사람들은 동기가 더 높아진다는 것입니다. 이렇게 관여도가 높은 주제일수록 비판적 사고를 동원하게 되어 중심 경로를 이용한 메시지 처리가 이뤄지기 쉽습니다.

둘째, 논쟁의 다양성입니다.

사람들은 다양한 의견이 있는 주제일수록 개인의 비판적 생각을 동원하게 하여 중심 경로로 메시지를 처리하려고 합니다.

셋째, 인지적 욕구입니다.

평소 비판적 사고를 좋아하며 인지적으로 처리하려는 경향을 갖고 있는 사람들일수록 중심 경로를 많이 사용하게 됩니다. 인지 욕구가 높은 사람들은 설득 메시지에 주의를 기울이고 이를 깊이 생각하기 때문에 해당 설득 메시지의 주변 요소보다 질에 영향을 더 받게 됩니다.

여기에서 중요한 사실은 아무리 동기를 많이 갖추었다고 해도 해당 사안에 대한 지식, 능력이 없으면 중심 경로로 사용이 불가능하다는 것입니다.

이런 특성을 토대로 동기와 능력으로 정교화 경로의 유형을 정리해 보면 다음과 같습니다.

[동기와 능력의 높고 낮음에 대한 정교화 가능성 모델]

동기와 능력 높고 낮음	정교화
낮은 동기 + 낮은 능력	주변 경로(낮은 정교화)
낮은 동기 + 높은 능력	주변 경로(낮은 정교화)
높은 동기 + 낮은 능력	주변 경로(낮은 정교화)
높은 동기 + 높은 능력	중심 경로(높은 정교화)

위의 표처럼 낮은 동기와 낮은 능력, 낮은 동기와 높은 능력, 높은 동기와 낮은 능력의 경우 주변 경로로 메시지가 처리되고 높은 동기와 높은 능력일 때만이 중심 경로로 처리됩니다. 따라서 메시지가 중심 경로로 처리될 경우 주변 경로에 비해 더 광범하고 더 많은 노력이 필요한 인지적 처리가 발생하게 됩니다.

이러한 설득 메시지를 처리할 때 관여되는 인지적 노력을 바로 '**정교화(Elaboration)**'라고 합니다.

이렇게 설득을 위한 중심 경로가 활발해졌을 때 '수신자는 높은 정교화(High elaboration)에 관여 되었다'라고 표현하고 반면 주변 경로가 작동할 때는 '수신자가 낮은 정교화(Low elaboration)에 관여되었다'라고 합니다.

2. 이론의 비판

정교화 가능성 모델은 인간이 어떻게 비판적 사고를 하게 되고 자신의 동기와 능력에 따라 설득 메시지를 어떻게 받아들이는지 그 과정을 잘 보여주는 이론입니다. 또한, 설득 메시지를 수신자에게 전달하는 과정에 있어서 사회적 통계와 증거 없이 단순 전달하는 것보다 수신자들의 동기와 능력에 따라 달리 메시지를 전달한다면 더 큰 효과를 일으킬 수 있다는 사실도 확인할 수 있습니다. 이처럼 정교화 가능성 모델은 어떤 요인이 어떤 상황에서 태도 변화에 더 큰 영향력을 행사하는가에 대한 해결책을 제시해 줍니다. 이러한 특징으로 오늘날 사회과학과 인지심리학에도 지대한 영향을 끼쳤습니다.

하지만 역설적이게도 결국 모든 메시지를 정교하게 판단하는 것은 불가능하다는 것을 보여주는 것이기도 합니다. 개인의 동기가 높고 능력이 높은 사람이라고 할지라도 무의식적으로 설득 당할 수 있으며 비판적인 사고가 안되는 환경과 요인이 있을 수 있기 때문입니다.

또한 정교화 모델은 중심 경로로 메시지를 받아들이기 위해서 능력과 동기가 뛰어나야 한단고 밝히고 있지만 시간, 환경, 경제여건과 같은 제3요인의 영향을 반영하지 않았다는 지적을 받고 있습니다. 사안에 따라 중심 경로가 주변 경로로, 주변 경로가 중심 경로로 변화될 수 있는 환경이 발생할 수 있으면 주변 경로와 중심 경로롸 반드시 역비례성을 갖지 않는다는 점 또한 지적사항입니다.

설득이 효과적이기 위해서는 사람들이 메시지에 주의를 기울이고 이해하며 그것을 받아들일 수 있어야 합니다. 또한, 설득 과정에서 사람들은 그 메시지를 수용했을 때 자신이 받게 될 보상, 또는 반대로 수용하지 않았을 경우 생길 부정적인 결과를 예상할 수 있어야 합니다.

결국 인간은 모든 메시지를 논리적으로 정교하게 판단하기 어렵기 때문에 사인에 따라 적절하게 자신의 중심 경로와 주변 경로를 이용하려는 커뮤니케이션 자세를 갖추는 것이 필요하겠습니다.

3. 이론 비평 및 실습

1) '정교화 가능성 모델 이론'의 개념을 통해 이론의 가설을 완성하고 가설의 변인과 어떤 관계의 가설인지 분석해 보세요.

<table>
<tr><th>이론</th><th colspan="2">정교화 가능성 모델 이론</th></tr>
<tr><td>가설</td><td colspan="2"></td></tr>
<tr><td rowspan="4">변인분석</td><td>독립변인</td><td>종속변인</td></tr>
<tr><td></td><td></td></tr>
<tr><td>범주형변인</td><td>연속형변인</td></tr>
<tr><td></td><td></td></tr>
<tr><td rowspan="4">관계분석</td><td>차이의 가설</td><td>관계의 가설</td></tr>
<tr><td></td><td></td></tr>
<tr><td>양의 관계</td><td>음의 관계</td></tr>
<tr><td></td><td></td></tr>
</table>

2) '정교화 가능성 모델'이론을 7가지 비평 기준에 맞춰 비평해 보세요.

2변인 가설 비평	검증가능성(Testability) / 반증가능성(Falsifiability) 검증
예측력 (Predictability)	
간결성/경제성 (Parsimony)	
설명력 (Explanatory power)	
유효범위 (Scope)	
아름다움/미학 (Aesthetics)	

제11장 미디어 체계 의존 이론

1. 이론 내용

1) 개념

'미디어 체계 의존 이론(Media Systems Dependency Theory)'은 미디어와 수용자(개인), 그리고 사회 환경이 모두 상호 의존적인 관계(Dependency relationships)을 형성하고 있다는 이론입니다. 여기서 '**의존**'이란 '어느 한 요소의 욕구 만족이나 목표 성취가 다른 한편의 그것과 연관되어 있는 관계'를 의미합니다.

'미디어 체계 의존 이론'은 '미디어 이용에 의해 충족되는 욕구에 의존하면 할수록 미디어가 사람들의 생활에 미치는 역할은 더욱 중요해지고 그렇게 되면 미디어의 영향력은 더욱 커질 것이다'라는 가설에서 시작되었습니다.

즉, 사회는 욕구 충족의 도구로서 미디어의 역할에 영향을 미치고, 수용자의 욕구와 이용 동기에 영향을 미치며, 이때 미디어 이용 관련 규범과 지식을 제공하게 된다는 것입니다. 이처럼 수용자의 욕구가 두드러짐에 따라 미디어 이용 동기가 증가하고 미디어 의존도가 더욱 커지게 되며 이는 미디어 효과의 증가로 이어지게 되는 것을 말합니다.

'미디어 의존 이론'은 구성 요소들 간 의존 관계를 설명하고 있으며 여러 가지 체계의 구성 요소를 세 가지 단계로 나눕니다. 사회적 환경이나 미디어 체계와 같은 '**거시적 단계(macro level)**', 사회적 환경 내에서 특정한 목표와 위치를 가지는 개인 차원의 '**미시적 단계(micro level)**', 그리고 대인 간 네트워크의 단계인 '**중시적 단계(meso level)**'가 그것입니다.

'미디어 의존 이론'은 이 중에서도 개인이 미디어체계에 대한 의존을 확대하거나 감소하게 되는 '거시적 단계'에 초점을 맞추고 있습니다.

2) 배경 및 주요 연구

미디어 체계 의존 이론(Media Systems Dependency Theory)은 1976년 산드라 볼로 키치 (Sandra J.Ball-Rokeach)와 멜빈 드 플로 (Melvin J. Defleur)에 의해 개발된 이론입니다. 1968년 워싱턴대학교에서 사회학 박사 학위를 받은 볼로 키치가 '미디어 의존 이론'을 연구하게 된 것은 자신의 교육 환경과 관련되어 있었습니다. 그녀가 공부할 당시에는 매스미디어의 영향력이 사회 환경과 구성원의 관계에 영향이 거의 없거나 약하다는 교육을 받아왔습니다. 그러나 1960년대 말 미국 사회에서 일어난 여러 가지 사건들(예를 들면 베트남전, 케네디 대통령 암살, 아폴로 11호 달 착륙 등)이 매스미디어를 통해 전달되면서 보여 준 영향력을 관찰하면서 매스미디어에 대해 다른 생각을 갖게 된 것입니다.

어떤 조건에서는 매스미디어가 중요한 영향력을 가지고, 어떤 상황에서는 그렇지 않은 것을 보고 그 이유를 분석하게 된 것입니다. 그 결과 개인적인 요인뿐 아니라 제도적이고 조직적 단계의 설명 과정이 필요함을 인식하게 되었습니다.

필요성을 인식한 블로키치는 자신의 동료인 드폴로와 함께 다음과 같은 가설을 갖고 연구에 돌입합니다. '미디어 이용에 의해 충족되는 욕구에 의존하면 할수록 미디어가 사람들의 생활에 미치는 역할은 더욱 중요해지고 그렇게 되면 미디어의 영향력은 더욱 커질 것이다'가 그것입니다. 볼로 키치와 드폴로는 자신들의 미디어 의존이론을 여러 번에 걸쳐 수정하고 발전시켰습니다. 궁극적으로는 체계 변화를 설명하기 위한 시도였습니다.

그렇게 탄생한 '미디어 체계 의존 이론'은 기본적으로 '사회 체계 이론(social system theory)'을 전제로 하고 있습니다. 즉 '사회 체계 이론'에서는 사회 내의 각 구성요소들이 어떤 목적을 달성하기 위해서 상호 의존적 관계를 형성하고 있으며, 전체는 부분의 단순한 합과는 다른 특징을 나타내게 된다는 설명입니다.

또한, '미디어 의존 이론'은 기능주의 이론의 하나로서, 개인이 예측 불가능한 사회 환경적 변화들에 대해 정보를 얻기 위하여 미디어에 의존하게 만들며, 이는 불확실성을 감소시키기 위한 행동으로 가정하고 있습니다.

3) 이론 특징

'미디어 체계 의존 이론'의 미디어와 수용자에 대한 연구는 기본적으로 거시적 사회시스템과 체계의 맥락에서 이해될 수 있습니다. 즉 사회 내의 각 구성요소들이 어떤 목적을 달성하기 위해서 상호 의존적 관계를 형성하고 있고 전체는 부분의 단순한 합과는 다른 특징을 나타내는 맥락을 갖고 있습니다.

'미디어 체계 의존 이론'에서는 여러 가지 체계의 구성 요소를 다음의 세 단계로 나눕니다.

첫째, **거시적 수준**(macro level)입니다.
거시적 수준이란 사회적 환경이나 미디어 체계와 같은 단계를 말합니다.

둘째, **미시적 수준**(micro level)입니다.
미시적 수준이란 사회적 환경 내에서 특정한 목표와 위치를 가지는 개인적 차원의 단계를 말합니다.

셋째, **중시적 수준**(meso level)입니다.
중시적 수준이란 대인 간 네트워크의 단계를 말합니다.

미디어 체계 의존 이론은 이 중에서도 개인이 미디어 체계에 대한 의존을 늘리거나 줄이게 되는 측면에 초점을 맞추고 있으며 이를 수용자, 미디어, 사회라는 삼원적 관계를 들어 설명하고 있습니다. 이를 정리하면 다음의 그림과 같습니다.

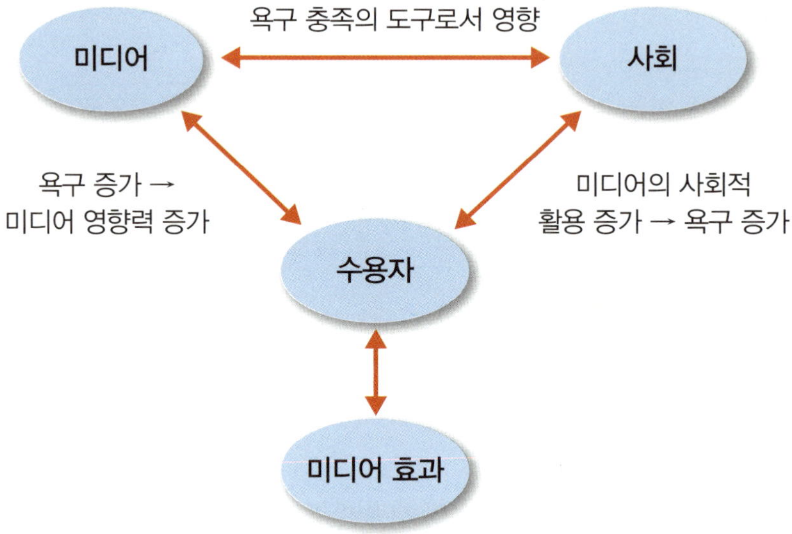

수용자의 미디어의 중요도 증가 → 미디오 효과 증가

즉, 사회는 욕구 충족의 도구로서의 의미를 갖고 있고 이는 미디어의 역할에 영향을 미친다는 것입니다. 또 이렇게 사회 속에서 미디어의 역할이 증가하면 수용자는 미디어를 이용해야 하는 동기와 욕구가 강해지게 되고 따라서 미디어 이용이 증가하게 됩니다. 이처럼 수용자가 미디어의 의존도가 높아지게 되면 미디어의 효과는 더 강해지게 됩니다. 이러한 거시적 수준을 들어 미디어 체계 의존 이론을 설명하고 있습니다.

이때 수용자의 욕구(Needs)는 다음의 3가지로 분류할 수 있습니다.

첫째, **감시의 욕구(Surveillance needs)**입니다.
사회 현상을 감시하고자 하는 욕구에서 미디어 이용이 증가하게 됩니다.

둘째, **사회적 유용성(Social utility)**의 욕구입니다.
사회적으로 미디어의 활용도가 높아지고 미디어를 통해 정보를 탐색하는 유용성이 높아지면 미디어 이용이 증가하게 됩니다.

셋째, **현실도피(fantasy-escape)**의 욕구입니다.
극심한 갈등이나 변화로 인해 현실을 도피하자고 할 때 미디어 이용이 증가하게 됩니다.

이와 같이 수용자의 욕구가 증가하면 미디어의 이용 동기가 증가하면서 미디어의 의존도가 높아지며 미디어가 갖는 중요도에 대해 고찰하며 미디어 효과가 증가하게 되는 것입니다.

2. 이론의 비판

미디어 체계 의존 이론은 미디어 수용자들의 개인적 속성보다는 사회의 구조적 조건과 역사적 상황에 관심을 두고 미디어의 효과를 연구함으로써 사회적 측면에서 그 효과를 다루게 만들었다는 의미 있는 연구였습니다. 무엇보다 체계 지향적이고 미시적 이론과 거시적 이론을 통합하고 위기와 사회적 변화 속에서 미디어의 역할을 잘 설명해 주었습니다.

또한, 이 미디어 효과를 수용자와 사회 그리고 미디어 간의 삼원적 관계에서도 고찰도 가능하게 했습니다. 뿐만 아니라 이 삼원적 상호 관계를 토대로 한 이론의 가정들을 이론적 입장에서 볼 때 타당해 보입니다. 하지만 아직은 가설에 불과합니다.

미디어 체계 의존 이론은 볼로 키치와 드 폴로가 여러 번의 수정과 반복 연구를 통해 발전시켰지만, 궁극적인 목적인 체계 변화를 설명하기에는 역부족이었습니다. 보통 사람들의 미디어 의존 경험이 광범위한 사회 체계의 변화와 어떻게 강력한 연관 관계를 갖고 있는 것인지 실증적으로 입증하지 못했기 때문입니다.

또한, 이 이론은 어느 정도가 이상적인 미디어 의존인지에 대한 설명도 약하다는 비판을 받고 있습니다. 이상적인 의존 정도와 수치가 정확하지 않아서 해당 이론을 뒷받침하는 합리성에 부합하지 못했습니다. 의존의 정도가 점점 커질 것인지 줄어들 것인지에 대한 예측이 가능하지 않고 특히 뉴 미디어가 미디어에 대한 의존을 강화 시킬 것인지 약화 시킬 것인지에 대한 명쾌한 설명도 해주지 않았다는 것입니다.
정리하자면 '미디어 체계 의존 이론'은 이론의 핵심 개념인 의존의 의미와 강도가 불분명하며 장기적 효과에 대한 설명이 부족해 이 이론을 실증적으로 검증하기가 힘들다는 것입니다.

개인화와 도시화가 진행되면서 대인 간 사회적 네트워크의 영향력은 줄어들었다고 수용자들 스스로 정보를 생산 처리 분배하는 기능도 갖게 되었습니다. 하여 미디어 자체가 막강한 영향력을 갖기보다는 사회 체계 내에서 수용자의 욕구에 부응하는 과정에서 자연스럽게 나타나는 미디어의 효과 정도로 보는 것이 맞을 것입니다.

그럼에도 불구하고 오늘날에도 '미디어 체계 의존 이론'이 커뮤니케이션 이론에서 갖는 유의미성은 바로 미디어의 역할에 대해 다시 한번 생각해 볼 수 있는 고찰을 안겨주었다는 것입니다.

3. 이론 비평 및 실습

1) '미디어 체계 의존 이론'의 개념을 통해 이론의 가설을 완성하고 가설의 변인과 어떤 관계의 가설인지 분석해 보세요.

<table>
<tr><th>이론</th><th colspan="2">미디어 체계 의존 이론</th></tr>
<tr><td>가설</td><td colspan="2"></td></tr>
<tr><td rowspan="4">변인분석</td><td>독립변인</td><td>종속변인</td></tr>
<tr><td></td><td></td></tr>
<tr><td>범주형변인</td><td>연속형변인</td></tr>
<tr><td></td><td></td></tr>
<tr><td rowspan="4">관계분석</td><td>차이의 가설</td><td>관계의 가설</td></tr>
<tr><td></td><td></td></tr>
<tr><td>양의 관계</td><td>음의 관계</td></tr>
<tr><td></td><td></td></tr>
</table>

2) '미디어 체계 의존'이론을 7가지 비평 기준에 맞춰 비평해 보세요.

2변인 가설 비평	검증가능성(Testability) / 반증가능성(Falsifiability) 검증
예측력 (Predictability)	
간결성/경제성 (Parsimony)	
설명력 (Explanatory power)	
유효범위 (Scope)	
아름다움/미학 (Aesthetics)	

제12장 사회적 침투 이론 [social penetration theory]

1. 이론 내용

1) 개념

사회적 침투 이론[social penetration theory] 은 친밀한 관계의 두 개인의 상호작용을 이해하기 위한 이론으로 관계가 발전함에 따라 대인 간 커뮤니케이션이 상대적으로 얕고 덜 친밀한 수준에서 더 깊고 친밀한 수준으로 이동해 간다는 이론입니다.

이 이론은 **자아 노출**(self-disclosure)**과 관계 발전**(Intimacy)을 통해 대인관계의 형성과 유지, 발전 과정을 보여주고 있습니다. 즉 사회적 침투 이론은 대인관계의 발전이 두 사람 간의 친밀함과 점진적, 지속적인 자아 노출을 통해 더욱 친밀한 관계로 형성된다는 것을 말하고 있습니다.

사회적 침투 이론은 사람의 성격이 다층적 구조로 형성하고 있다고 밝히며 이를 양파에 비유했습니다. 즉 양파의 겉 표피를 벗기면 그 안에 또 다른 표피가 있듯이 사람들의 성격도 양파의 속처럼 여러 겹을 형성하고 있다고 말하고 있습니다.

따라서 사람들은 자신과 친밀한 관계를 유지하고 있는 사람들과는 내밀한 양파의 중심부에 해당하는 정서와 감정을 노출하고 더욱 친밀해지고 관계가 발전된다는 것입니다. 이 이론을 '**사회적 침투 이론**'이라고 합니다.

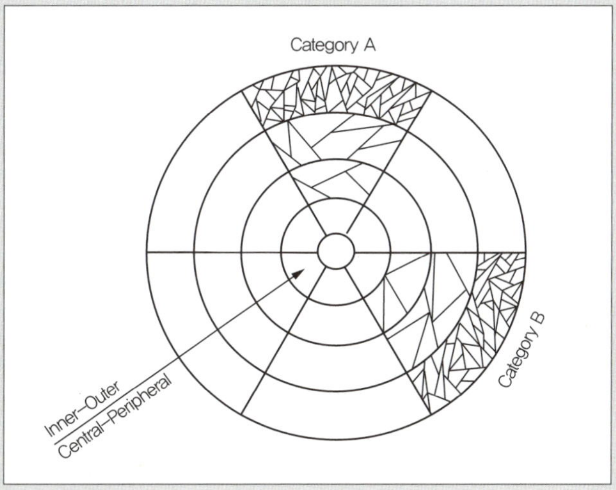

그림 12–1 **사회적 침투 이론에서 가정하는 성격의 구조** (Altman & Taylor, 1973)

2) 배경 및 주요 연구

사회적 침투이론은 1973년 알트만(Irwin Altman)과 테일러(Dalmas Taylor)에 의해 제안되었으며, 친밀한 관계의 두 개인의 상호작용을 이해하기 위해 개발된 이론입니다.

두 연구자는 사회적 만남과 접촉을 통해서 형성되는 대인관계의 본질을 제대로 파악하기 위해서는 무엇보다도 사람들의 성격의 복잡성을 이해할 수 있어야 한다고 생각했습니다.

그리고 연구를 통해 사람들의 다층적 성격구조를 파악했고 이를 양파에 비유하게 되면서 본인들의 '사회적 침투 이론'이 '양파 이론'으로도 불리게 됩니다.

두 연구자는 사회적 침투는 관계의 발전에 따라 그 폭이 넓어지고 깊어진다고 보고 피상적인 성질에서 출발해 사적이고 농밀한 성질 쪽으로 이동한다고 밝혔습니다. 이러한 관계 발전 즉 침투 과정을 4단계로 설정하여 연구 결과를 발표했습니다.

첫 번째 단계는 **오리엔테이션 단계**입니다.

이 단계에서는 피상적 정보 교환과 상대에 대한 탐색이 이뤄진다고 봤습니다. 즉, 서로 잘 보이려고 비판을 회피하며 누구나 조그마한 관심만 있다면 알 수 있는 공적 자아만을 노출하는 단계를 갖는다는 것입니다.

두 번째 단계는 **탐색적 감정 교환의 단계**입니다.

이 단계에서는 풍부하고 깊은 대화가 이뤄지며 상대의 감정 상태에 대해 알고 싶어한다고 봤습니다. 하지만 상대에 상응하는 정보만을 노출하는 호혜성을 갖기 때문에 이 단계가 가장 예민하고 불안정한 단계로 정의했습니다.

세 번째 단계는 **감정 교환의 단계**입니다.

이 단계에서는 지속적인 상호 호혜적 자아 노출로 친밀감을 형성하고 서로에 대한 호감을 확인한다고 봤습니다. 하지만 아직 상대를 자유롭게 칭찬,비판하지 못하고 자신의 농밀한 자아를 노출하지 못하는 단계로 정의했습니다.

네 번째 단계는 **안정적 교환의 단계**입니다.

이 단계에서는 자유롭게 본인의 감정, 가치관, 모순, 정서를 노출하게 되어 허물없는 친밀함이 형성된다고 봤습니다. 이때 양파 중심에 있는 비밀스러운 자신의 사적인 영역을 상대방이 침투할 수 있도록 내적 자아를 노출하게 되면서 상대방과 깊이 있는 관계를 갖게 된다고 밝혔습니다.

알트만과 테일러는 이러한 4가지 단계는 개인의 자아 노출의 '폭'과 '깊이'에 의해 결정되며 이러한 노출 과정을 지속 순차적으로 교환하면서 더욱 친밀한 관계가 형성된다고 밝혔습니다.

3) 이론 특징

사회적 침투 이론은 사람의 성격이 다층적 구조를 형성하고 있다고 밝히며 다음의 2가지 자아의 특징을 소개했습니다.

첫 번째, **공적인 자아(Publicly accessible level)**입니다.

공적 자아란 다른 사람이 알 수 있고 자신을 다른 사람과 구분할 수 있는 개념적 틀로서 연령, 성, 사회적 신분이나 위치 등을 말합니다. 즉 외현적으로 드러나 타인이 알 수 있는 자아입니다.
바깥 표피는 상대방에게 작은 관심만 가져도 쉽게 접근할 수 있는 **공적인 자아(Publicly Self)**를 형성하고 있고, 이는 친밀한 관계가 아니라도 닿을 수 있다고 보고 있습니다. 즉 '공적인 자아'는 그 사람의 고유한 속성이 아닌 공동체 구성원이라면 상대방에게 작은 관심만으로도 닿을 수 있는 누구에게나 공개되어 있는 일반적 사실에 입각한 속성입니다.

두 번째, **사적 자아(Private Self)**입니다.

사적 자아란 타인은 잘 모르는 자신만이 알고 있는 내적이고 주관적인 자아를 말합니다.
공적 자아라는 바깥 표피를 벗기면 즉 양파의 중심부 쪽에 속하는 내면적 자아 즉, 사적 자아가 존재하는데 이는 그 사람의 가치관, 자아상, 상충된 모순, 그리고 정서와 감정의 구조를 포함합니다. 즉, 사적 자아는 눈으로는 잘 보이지 않는 세계이며 그 사람의 본질적인 성격의 속성입니다.

위의 공적 자아에서 사적 자아로 넘어가는 것은 관계의 발전을 의미하며 이는 상대방의 양파 중심부에 해당하는 정보를 알아간다는 것을 의미합니다. 하지만 사람들은 아무에게나 자신의 사적인 영역을 드러내지 않고 어느 정도 자아를 노출시킬 것인가에 대한 판단과 수준을 결정하게 됩니다. 이렇게 점진적으로 자아 노출에 대한 깊이와 폭이 증가함에 따라 친밀감이 증가하는 과정을 사회적 침투라고 이 이론에서 정의하고 있습니다.

사회적 침투 이론은 양파구조로 된 성격의 외연과 내면속으로 들어가는 과정 속에서 다음과 같은 4가지의 정보 흐름이 발생한다는 이론적 특징을 갖고 있습니다.

첫 번째, 사회적 침투는 동적인 현상으로 호혜성(Reciprocity)을 동반합니다.

자기 노출은 관계 발전의 초기 단계에서 상호 호혜적으로 일어납니다. 즉 상대방이 반사적 자아를 드러내면 본인도 그 정도의 자아 영역을 공개한다는 것입니다. 관계 형성 초기에는 상대방에게 매력적으로 다가가지만, 일방적인 자기 노출이 아니라 상대방이 노출하는 정도에 상응하는 정보를 공개하려는 동적인 현상을 보입니다. 즉, 상호 호혜적으로 자아를 노출하게 된다는 것입니다.

두 번째, 공적 자아가 내적 자아보다 빠르게 교환됩니다.

양파의 표피처럼 자아의 바깥 부분에 해당되는 외부적 정보는 내면의 영역보다 더욱 빈번하게 그리고 빠르게 교환됩니다. 내면의 농밀한 정보보다 누구나 알 수 있고 조금의 관심만으로도 도달할 수 있는 공적 자아는 서로 빈번하게 교환되고 더욱 빠르게 진행됩니다.

세 번째, 깊이 있는 자아 노출일수록 호혜성은 낮아집니다.

관계의 초기에는 사회적 침투가 급속도로 빨라지며 높은 호혜성을 갖지만 견고한 내부층에 도착할수록 호혜성은 낮아지고 급속도로 느려집니다.

지나치게 많은 자아 노출은 오히려 상대방의 마음속 저항력을 일으키는 기제가 되어 부정적인 대항력을 갖게 됩니다. 이로 인해 내적 자아의 교환을 꺼리게 되고 불편한 감정을 갖게 됩니다. 무엇보다 관계의 결과, 만족도, 안정성과 같은 여러 요소들을 고려하게 되는 내적 자아 노출은 많은 책임감과 부담을 갖게 되기 때문에 상대적으로 호혜성이 낮을 수밖에 없습니다. 이러한 이유로 자아의 노출 레벨과 호혜성은 반비례하게 됩니다.

네 번째, 역 침투현상이 발생합니다.

이 이론에서 '**역 침투(Depenetration)**'는 양파에 박힌 쐐기를 빼내는 과정을 의미합니다. 즉 쌍방이 친근한 관계에서 보이던 서로를 향한 열린 자세를 봉쇄해 버리면 그들의 관계는 오히려 악화되는 현상을 말합니다.

내적 자아를 노출하며 친밀감을 높인 상태에서 표면적인 겉도는 정보만을 노출시키면서 관계를 지속하는 것은 오히려 친밀도를 낮추는 역침투가 발생합니다.

이처럼 사회적 침투 이론은 지속적, 순차적 자아 노출을 통해 친밀성이 형성되는 과정을 보여주는 이론입니다.

2. 이론의 비판

오늘날에도 사회적 침투 이론은 개인의 성격과 대인 상호작용의 특성을 함께 설명하는 이론으로서 사회학과 심리학에서도 유용하게 다루고 있습니다. 특히 단순히 두 사람 간의 성격을 설명하는 것에서 벗어나 상호호혜적 자아 노출과 침투과정에 대한 설명을 통해 관계 발전의 역동성을 잘 보여주고 있습니다.

또한, 사회적 침투 이론은 다양한 유형의 대인관계 의사소통에 시사점을 주고 있습니다. 즉, 이성 간의 관계, 부모 자식 관계, 고용주와 피고용인의 관계, 교사와 학생의 관계나 친구 관계와 같은 다양한 관계의 발전 양상을 살펴볼 때 유용하게 사용될 수 있습니다.

가령 우정에서 사랑의 단계로, 인사만 나누는 관계에서 속마음을 나누는 관계로, 이익과 이윤추구 관계에서 이타성을 갖는 관계로 발전하는 단계를 양파 모델을 사용해 설명할 수 있다는 시사성을 갖고 있습니다.

그럼에도 불구하고 사회적 침투 이론이 비판을 받고 있는 이론적 한계가 존재합니다.

사회적 침투 이론은 두 사람 간의 관계는 성격의 핵심 구조나 사회 침투의 깊이 변화 등은 표면적인 수준에서 관찰되기 어려운 다양한 변인을 갖고 있다는 사실을 간과했습니다. 사회적 환경이나 요구되는 수준, 역할에 따라서 양파구조가 아닌 복잡한 구조와 형태로 구현될 수 있음에도 이를 단순히 자아의 노출로 연구되었다는 사실입니다. 이에 따라 많은 연구자들이 구체적인 현상을 관찰하거나 연구하는 데 있어서 많은 한계를 갖습니다.

이와 같은 한계를 극복하기 위해서 지속적인 양적, 질적 연구가 이루어져야겠습니다.

3. 이론 비평 및 실습

1) '사회적 침투 이론'의 개념을 통해 이론의 가설을 완성하고 가설의 변인과 어떤 관계의 가설인지 분석해 보세요.

<table>
<tr><th>이론</th><th colspan="2">사회적 침투 이론</th></tr>
<tr><td>가설</td><td colspan="2"></td></tr>
<tr><td rowspan="4">변인분석</td><td>독립변인</td><td>종속변인</td></tr>
<tr><td></td><td></td></tr>
<tr><td>범주형변인</td><td>연속형변인</td></tr>
<tr><td></td><td></td></tr>
<tr><td rowspan="4">관계분석</td><td>차이의 가설</td><td>관계의 가설</td></tr>
<tr><td></td><td></td></tr>
<tr><td>양의 관계</td><td>음의 관계</td></tr>
<tr><td></td><td></td></tr>
</table>

2) '사회적 침투'이론을 7가지 비평 기준에 맞춰 비평해 보세요.

2변인 가설 비평	검증가능성(Testability) / 반증가능성(Falsifiability) 검증
예측력 (Predictability)	
간결성/경제성 (Parsimony)	
설명력 (Explanatory power)	
유효범위 (Scope)	
아름다움/미학 (Aesthetics)	

제13장 불확실성 감소 이론

1. 이론 내용

1) 개념

인간은 근본적으로 불확실성을 싫어하며 낯선 사람을 만날 때 이러한 불확실성을 줄이기 위해 정보 탐색을 통해 불안감을 감소시키는 과정을 설명한 이론을 '**불확실성 감소 이론(uncertainty reduction theory)**'이라고 합니다.

인간은 근본적으로 불확실성을 싫어합니다. 왜냐하면 불확실성은 걱정을 유발하고 그 걱정은 모두가 싫어하는 감정이기 때문에 불확실성을 줄일 수 있는 행동을 취하게 됩니다. 이 불확실성을 줄이기 위해 '정보 추구' 행위를 하며 이와 같은 과정을 통해 지식을 얻고 이해를 창출하게 됩니다. 이는 둘 사이의 행동에 대한 불확실성을 감소시키거나 그러한 행동에 대한 예측력을 높이게 됩니다.

즉, 불확실성 감소 이론의 핵심은 불확실성을 경험하면서 이를 줄이려는 동기를 갖게 되고 이는 상호 커뮤니케이션 활동을 통해 감소하게 되어 인간관계를 형성, 발전시켜 나간다는 것입니다. 이렇듯 불확실성 감소의 궁극적인 목표는 대인관계이며 그 수단은 바로 대화와 소통이 중심이 되는 커뮤니케이션 행위입니다.

2) 배경 및 주요 연구

불확실성 감소 이론은 1975년 찰스 버거와 카라브레스에 의해 고안된 이론입니다. 우리는 하루에도 수십 번 낯선 사람들과 만나거나 접촉을 하게 되는데 그때 처음 만나게 되는 경험은 바로 불확실성입니다. 찰스 버거는 대인관계의 시작을 서로에 대한 정보를 얻고 이해를 창출해 나가는 과정으로 보았습니다. 그리고 이 과정을 통해 불확실성을 감소시키고 행동에 대한 예측력을 높여 대인관계를 형성, 발전해 나간다는 전제를 갖고 이론을 연구했습니다.

찰스 버거는 대인 관계의 형성과 유지 그리고 발전 과정에서 이루어지는 상호작용이 결코 즐거운 것만은 아니지만, 서로에 대한 불확실성을 감소시킨다면 친밀한 관계가 형성될 것으로 보았습니다. 이러한 불확실성을 감소시키고자 하는 동기를 다음의 세 가지로 들어 설명했습니다.

첫째, 미래의 상호작용에 대한 기대감입니다.

낯선 사람과의 만남이 한 번으로 그치는 것이 아니라 지속적으로 이어질 것이라는 기대감을 갖기 때문에 불확실성을 감소시켜 대인관계를 형성해 나가고자 하는 동기를 갖는다고 주장했습니다.

둘째, 불확실성 감소에 따라 주어지는 보상입니다.

서로의 상호작용을 통해서 불확실성을 감소하다 보면 서로에게 필요한 정보를 파악할 수 있고 상호 호혜성을 바탕으로 정보를 교환하며 그에 따른 보상을 기대할 수 있기 때문이라고 주장하고 있습니다.

셋째, 상대방의 기묘한 행동에 대한 이해입니다.

서로 다른 문화와 환경 속에서 살아온 두 사람 간의 태도나 행위, 언어 사용 및 비언적 표현 등은 서로에게 이질감을 느끼게 할 수 있습니다. 이러한 사회적 통념이나 상식과는 다른 행위에 대한 이해의 폭을 넓히고자 하는 동기가 작동한다고 주장하고 있습니다.

찰스 버거는 이러한 동기를 바탕으로 불확실성을 감소시켜 상대의 세계를 이해하고 대인관계를 형성해 나간다고 보고 이를 연구해 '불확실성 감소 이론'을 세상에 내놓았습니다.

3) 이론 특징

불확실성 감소 이론은 커뮤니케이션 행위를 매개로 불확실성 감소 혹은 제거의 결과가 바로 대인관계를 형성하고 발전하게 된다는 것을 설명하고 있습니다. 커뮤니케이션 행위와 불확실성 관계를 설명하기 위해 이 이론에서는 다음과 같은 유형의 공리를 제안하고 있습니다.

첫째, 언어적 커뮤니케이션입니다.

불확실성이 높은 관계 초기의 단계에서 낯선 사람과의 관계에서의 커뮤니케이션 양의 증가는 불확실성의 감소를 가져옵니다. 이렇게 커뮤니케이션 양이 증가함에 따라 상대에 대해 많이 알게 되고 이는 불확실성을 낮춰 커뮤니케이션 양의 증가로 이어지게 됩니다.

둘째, 비언어적 온정입니다.

관계의 초기에 비언어적 친밀감의 표현이 증가하면 불확실성이 감소하게 됩니다. 가령 눈을 맞추거나 상대방과 가까이 앉아 거리감을 좁히는 등의 관심과 주의력은 불확실성을 감소시키고 이에 따라 친밀감을 높이게 됩니다.

셋째, 정보 추구의 행위입니다.

높은 수준의 불확실성은 상대방의 정보 추구 행동을 증가시키고 불확실성의 감소는 정보 추구 행동을 감소시키게 됩니다. 즉 낯선 사람과의 관계에서 정보 추구의 양이 늘어나면서 정보 추구를 통해 파악된 상대방에 대한 불확실성이 감소되면서 자연스럽게 정보 추구의 행동이 감소하게 됩니다.

넷째, 친밀감입니다.

높은 수준의 불확실성은 커뮤니케이션 내용의 친밀성을 감소시킵니다. 반대로 낮은 수준의 불확실성은 높은 수준의 친밀성을 양산시키게 됩니다.

다섯째, 호혜성입니다.

불확실성과 상대방에 대한 호혜성은 비례 관계를 갖습니다. 즉 높은 수준의 불확실성은 호혜성 수준을 높이게 되고 낮은 수준의 불확실성은 호혜성을 낮추게 됩니다. 낯선 사람과의 대면에서는 서로에게 더 많은 정보를 교환, 되풀이하는 상호 호혜성을 갖지만, 불확실성이 낮아졌을 때는 정보 교환의 필요성을 느끼지 않아 호혜성이 낮아지게 됩니다.

여섯째, 유사성입니다.

상호작용하는 당사자 간의 유사성은 불확실성을 감소시키지만 비유사성은 불확실성이 증가하게 됩니다. 지각된 동질성 즉 외모나 배경 태도가 비슷한 사람은 불확실성이 감소하는 한편 이질감을 느낄수록 불확실성이 증가하게 되는 것입니다.

일곱째, 호감입니다.

불확실성의 수준의 증가는 호감을 감소시키지만 불확실성의 감소는 호감을 증가시키는 반비례 관계를 갖습니다. 커뮤니케이션을 통해 불확실성이 감소되면 상대에 대한 친밀감이 증가하면서 자연스럽게 호감도가 올라가게 됩니다. 반면 불확실성이 증가하면 상대적으로 낮은 친밀감으로 인해 호감도를 떨어뜨리게 되는 것입니다.

여덟째, 공유된 네트워크입니다.

공유된 커뮤니케이션 네트워크는 불확실성을 감소시키는 반면, 공유된 네트워크의 결핍은 불확실성을 증가시키게 됩니다. 즉, 같이 알고 공유할 아이템과 이슈에 대해 이야기할 때 불확실성이 더 감소되고 친밀도를 높이게 됩니다.

불확실성 이론은 위의 여덟 가지 공리를 조합해서 다양한 차원 논리적 명제를 바탕으로 커뮤니케이션 행위와 불확실성을 설명했습니다.

또한, 이 이론은 개인 간의 상호 전략을 통해서 불확실성을 감소시킬 수 있다고 주장했습니다. 그 전략은 다음과 같습니다.

첫째, 소극적 전략입니다.

수동적인 전략 방법인 소극적 전략 방법을 취하는 것입니다. 즉 상대방의 눈에 띄지 않게 거리를 두고 다른 사람이 모르게 그 사람을 관찰하는 것입니다. 이를 통해 불확실성을 감소시킬 수 있다고 주장했습니다.

둘째, 적극적 전략입니다.

능동적 전략 방법인 적극적 전략 방법을 취하는 것입니다. 불확실성을 없애기 위해 제3자를 통해서 정보를 얻는 방법입니다. 즉 상대방과 직접적인 접촉 없이 제 3를 통해서 정보를 얻는 것입니다. 이 전략은 정보를 얻기 위해 더 많은 노력을 필요로 하기에 노력으로 얻은 정보를 통해서 불확실성을 감소하는 효과를 가질 수 있다고 주장했습니다.

셋째, 직접적 전략입니다.

직접 상대방에게 질문을 해서 정보를 얻는 전략입니다. 상대방에 대해서 무엇인가 알고자 하는 행위가 시험이나 캐묻는 것처럼 보이지 않게 하면서도 자연스럽게 원하는 정보를 얻는 상호 전략입니다. 이 전략을 활용하기 위해서는 때론 자기 자신의 개인 정보를 제공하기도 합니다. 자신이 먼저 솔직해져야 상대도 자신의 정보를 제공함으로써 원하는 정보를 획득할 수 있기 때문입니다.

불확실성 감소이론은 위의 세가지 전략을 활용한 상호작용을 통해서 불확실성을 감소시킬 수 있다고 제안하고 있습니다.

2. 이론의 비판

불확실성 감소 이론의 궁극적인 목표는 대인관계이며 그 수단은 바로 대화와 소통이 중심이 되는 커뮤니케이션 행위라는 사실을 잘 보여주고 있습니다. 불확실성을 감소시키는 동기와 더불어 관계를 설명하고 이를 통해 대인관계의 형성과 발전을 조망한다는 점에서 시사점을 갖습니다.

하지만 불확실성 감소 이론은 상대와의 관계를 형성하는 과정을 지나치게 목적 지향적으로 바라보고 있습니다. 인간은 때론 아무 이유나 보상없이 소통을 하기도 하며 관계를 형성함에 불구하고 이를 반영하지 못하고 있습니다.

커뮤니케이션 학자 브레셀스는(Brashers, 2001) 자신의 논문을 통해 불확실성 감소 이론의 '불확실성이 걱정(Anxiety)을 유발한다'는 기존의 전제 자체를 부정하기도 했습니다. 모든 불확실성이 불안이나 걱정을 유발하지도 않으며 때로는 불확실성이 '마음의 평온(Psychological comfort)' 또는 희망을 줄 수 있다고 비판했습니다.

인간의 불확실성이 근본적으로 부정적인 것만은 아니며 상황에 따라 인간은 불확실성을 유지하거나 증가시키고 싶기도 합니다. 오히려 확실성을 증가시키는 정보를 회피하려고 하기도 합니다. 예를 들어 병원에서 조직 검사 결과라는 정보를 얻어 확실성이 증가되었지만 이를 회피하고 불확실성을 증가시키기 위해 다른 병원에 방문해 다른 소견을 얻고자 하는 행동이 있습니다. 이러한 행동은 오히려 확실성을 회피하고 불확실성을 증가시키려고 하는 모습을 보여줍니다.

이처럼 불확실성 감소 이론은 불확실성이 누구에게나 회피의 대상이 될 수 없으며 그것이 꼭 부정적이지도 않다는 점을 반영하지 못하는 이론적 비판을 받고 있습니다.

3. 이론 비평 및 실습

1) '불확실성 감소 이론'의 개념을 통해 이론의 가설을 완성하고 가설의 변인과 어떤 관계의 가설인지 분석해 보세요.

이론	불확실성 감소 이론	
가설		
변인분석	독립변인	종속변인
	범주형변인	연속형변인
관계분석	차이의 가설	관계의 가설
	양의 관계	음의 관계

2) '불확실성 감소'이론을 7가지 비평 기준에 맞춰 비평해 보세요.

2변인 가설 비평	검증가능성(Testability) / 반증가능성(Falsifiability) 검증
예측력 (Predictability)	
간결성/경제성 (Parsimony)	
설명력 (Explanatory power)	
유효범위 (Scope)	
아름다움/미학 (Aesthetics)	

제14장 인지부조화 이론

1. 이론 내용

1) 개념

인지부조화 이론(Cognitive dissonance theory)이란 개인이 가지고 있는 신념, 생각, 태도와 행동 간의 부조화가 유발하는 심리적 불편감을 해소하기 위한 태도나 행동의 변화를 설명하는 이론을 말합니다.

사람은 누구나 태도와 행동의 일관성을 유지하고자 하는 근본적인 동기를 지니고 있어서 인지적 부조화를 경험하면 이를 해소하기 위해 자신의 태도나 행동을 변화 시킴으로써 심리적 불편감을 해결하고 자신에 대한 일관성을 유지하려고 합니다. 즉 사람들은 자신의 태도와 행동 등이 서로 모순되어 양립될 수 없다고 느끼는 불균형 상태가 되었을 때 이를 해소하기 위해서 자신의 인지를 변화시켜 조화 상태를 유지하려 한다는 주장을 담고 있는 이론입니다.

2) 배경 및 주요 연구

인지 부조화 이론은 사회 심리학자 레온 페스팅 거(Leon Festinger)가 1957년 발표한 저서 '인지부조화 이론(Cognitive dissonance theory)'에서 제기한 이론입니다.

레온 페스팅 거는 동료 연구자인 칼 스미스(Carlsmith)와 함께 인간의 행동과 태도의 관계에 관심을 갖고 실험 연구를 했습니다.

첫 번째, 실험은 보상을 통한 거짓말을 하게 만드는 상황 속에서 사람들의 태도 연구였습니다.

먼저 스탠퍼드 대학교 학생들을 모집해서 약 한 시간에 걸쳐 반복적이고 매우 지루한 과제를 하도록 했습니다. 그리고 과제가 끝난 후에 실험에 참여하려고 기다리는 다음 학생들에게 과제가 매우 재미있고 흥미로웠다고 '거짓말'을 해줄 것을 부탁했습니다. 이때, 일부 참여자들에게는 거짓말의 대가(보상)로 1달러를 지불하고, 다른 참여자들에게는 20달러를 지불했습니다.

거짓말의 대가로 20달러라는 충분한 보수를 지급받은 참여자들은 재미없는 과제에 대해 거짓말한 자신의 행동을 합리화할 수 있었습니다. 즉 충분한 보상을 받았다고 생각하며 '돈 때문에 거짓말했다'라고 생각하며 두 가지의 인지를 잘 부합시켰습니다. 따라서 재미없는 과제와 거짓말 간의 인지적 부조화를 느끼지 않았습니다.

반면에 거짓말의 대가로 겨우 1달러를 받은 참여자들은 '재미없는 과제'와 '거짓말할 이유가 없는데도 다른 사람에게 거짓말을 했다'라는 태도와 행동 간의 인지 부조화를 경험했습니다. 이렇게 두 가지 인지가 서로 충돌을 일으키자 자신들의 거짓말에 대한 행동을 정당화시키기 위해 재미없는 과제를 재미있는 과제였다고 생각의 태도를 바꾸게 됩니다. 결국, 과제에 대한 평가에서 매우 유익하고 재미있는 중요한 과제였다고 평가하게 됩니다. 이렇게 자신들의 인지부조화를 해소하는 모습을 보이게 됩니다.

두 번째, 실험은 자신의 신념과 상반되는 행동을 하게 되는 상황 속에서 사람들의 태도 연구였습니다.

학생들에게 적은 보수를 주고 등록금 인상에 대해 자신의 신념과 상반되는 글을 쓰도록 한 것입니다. 이후의 등록금 인상에 대한 실험자 자신의 태도를 변화시킴으로써 생각과 행동 간의 부조화를 해소하는 것으로 나타났습니다.

세 번째, 실험은 사이비 종교 단체의 신도들의 행동 관찰이었습니다.

페스팅어는 종말론을 주장하는 사이비 종교단체를 관찰합니다. 교주가 예고한 종말일에 지구가 멸망하지 않았지만, 신도들은 자신들이 속은 것으로 받아들이지 않고 오히려 믿음이 더욱 깊어지는 모습을 발견합니다. 신도들은 지구의 종말에 대비하여 자신들이 가진 모든 것을 다 버리고 사이비 종교에만 매달렸으므로 자신들이 잘못을 인정하게 되면 그 심리적 고통을 감당하기 힘들어서 자신들의 인지 부조화를 해소하기 위해 태도를 변화시킵니다. 즉 자신들의 믿음이 옳다는 쪽으로 심리적 안정을 찾게 되고 그것이 오히려 더욱 광신하는 행동으로 나타나게 됩니다.

이처럼 사람들은 태도, 생각과 행동 사이에 부조화가 발생하는 상황에 직면할 때, 자신의 행동을 정당화하는 방법을 선택함으로써 심리적 부조화를 해소하고 자기에 대한 일관성을 유지한다는 사실을 실험을 통해 밝혀냅니다.

페스팅이어는 위와 같은 실험을 통해 1957년 인지 부조화 이론을 발표하고 인간의 행동과 태도의 부조화로 인해 심리적 갈등이 유발되고, 이러한 갈등 상황을 해소하고 자신에 대한 일관성을 유지하기 위해 동기화되는 현상을 설명했습니다. 이는 인간이 자신의 잘못을 인정하기보다 자신의 결정을 극단적으로 합리화하는 형태에 따른 동기를 밝힘으로써 이후 수많은 사회심리학 연구에 영향을 미치게 됩니다.

3) 이론 특징

인지부조화 이론에 따르면 두 개의 인지 간의 관계는 다음의 3가지 관계를 형성하고 있다고 봤습니다.

첫째, 조화적 관계입니다. 이는 두 개의 인지가 잘 부합하는 관계를 의미합니다.

앞서 연구 실험을 예로 들어보겠습니다. 재미없는 과제를 수행하고 나서 충분한 보상금을 받고 재미있는 과제였다고 다음 참가자들에게 말해달라는 제안을 받은 상황에서 '돈 때문에 거짓말했다'라는 본인의 행동과 태도가 잘 부합하게 됩니다. 이는 자신의 두 개의 인지가 잘 부합하는 조화적 관계를 잘 설명해 주는 사례입니다.

둘째, 부조화적 관계입니다. 두 개의 인지가 서로 충돌하는 관계를 의미합니다.

앞서 연구 실험을 예로 들어보겠습니다. 재미없는 과제를 수행하고 나서 적은 돈의 보상금을 받고 재미있는 과제였다고 다음 참가자들에게 말해달라는 제안을 받은 상황에서 '재미없다'와'거짓말한 이유가 없는데 거짓말했다'라는 두 가지 인지가 충돌하게 됩니다. 이러한 관계를 부조화적 관계라고 설명합니다.

셋째, 무관한 관계입니다. 두 개의 인지가 서로 무관한 경우를 의미합니다.

인지부조화 이론은 이중 두 개의 인지 간의 관계가 부조화적 관계일 경우 '인지부조화가 발생'하며 이때 사람들은 부조화를 감소시키기 위해 기존 태도를 변화시킨다고 밝히고 있습니다.

인지부조화 이론에서는 사람들의 인지부조화를 줄이고 회피하는 방법을 다음의 세 가지로 설명합니다.

첫째, 정보에 대한 선별적 노출을 통해 불일치를 회피하는 방법입니다. 즉, 다양한 정보들 가운데 자신이 원하는 입장을 뒷받침하는 정보를 취사선택함으로써 심리적 부조화를 회피하는 경향을 말합니다.

둘째, 어떤 사안에 대한 결정을 내리고 난 후에 야기되는 부조화를 줄이는 방식으로 본인의 결정이 더 나은 결정이었음을 재확신하는 방법입니다. 즉 자신이 결정에 따른 부조화를 줄이기 위해 다양한 방식의 정보 추구 활동을 하면서 본인의 결정이 옳은 것이었음을 지지 받으려는 경향을 말합니다.

셋째, 어떤 결정에 대한 보상이 최소한으로 주어졌을 때 그러한 결정에 따른 행동의 변화를 통해 인지 부조화를 회피하는 방법입니다. 즉 결정에 대한 보상과 정당화의 근거가 불충분하거나 최소한으로 주어졌을 경우 기대했던 보상이나 정당화 수준의 간극을 메우기 위해 태도의 변화를 통해 부조화를 회피하는 경향을 말합니다.

위의 세 가지 회피 방법을 그림으로 설명하면 다음과 같습니다.

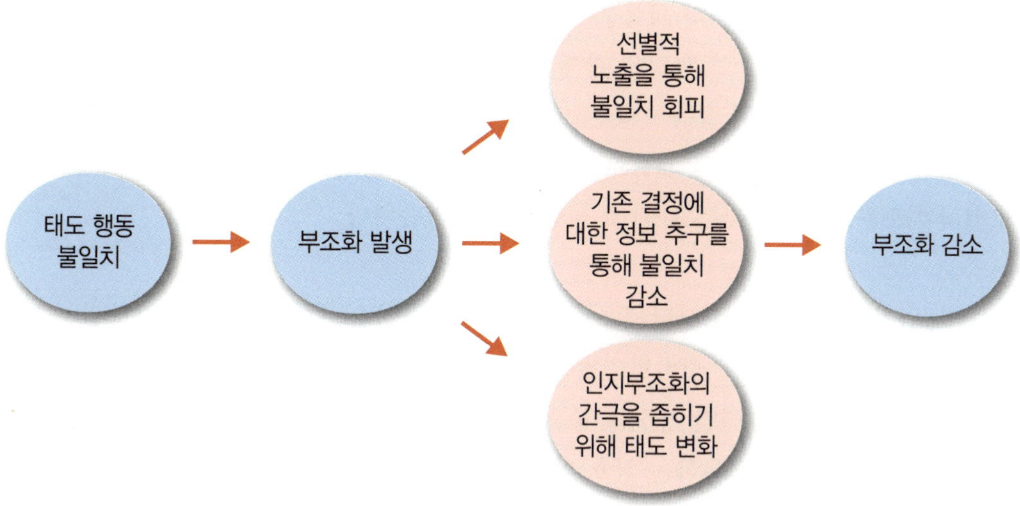

그림 14-1 **[인지부조화 모델]**

인지부조화 이론은 위와 같은 특징을 통해 인지 부조화의 경험이 인간의 태도와 행동 변화를 일으킨다는 것을 잘 말해주고 있습니다.

2. 이론의 비판

인지부조화 이론은 부조화의 극복을 위한 심리적 메커니즘을 잘 설명해 주고 있으며 이를 통해 인간의 태도 변화와 그 과정에 관해 설명함으로써 오늘날 사회학과 심리학에 시사하는 바가 큽니다. 특히 기존의 설득 이론은 어떤 사람의 행동 변화는 그에 선행한다고 생각되는 태도의 변화가 있어야 가능한 것으로 봤지만 인지 부조화 이론에서는 심리적 부조화의 경험이 결국 태도를 변화시킨다는 것을 잘 설명해 주고 있습니다.

하지만 인지부조화가 모든 사람에게 동일하게 일어나지 않으며 특히 다른 문화권의 사람들에게 도드라지게 달리 나타남이 발견됐습니다. 예를 들어 서양 문화권에서는 다른 사람들과 분명하게 구분되는 독립적인 자신를 중요시하는 인지부조화를 일으키는 반면 동양 문화권은 다른 사람들과 상호 작용하는 상호의존적인 자신의 인지적 불일치 속에서 인지부조화를 느낀다는 것입니다.

호시노 브라운은 자신의 실험 결과를 통해 인지부조화 이론을 비판했습니다. 캐나다와 일본인들을 대상을 실험을 하였고 해당 실험을 통해서 문화권에 따라 인지부조화를 경험하고 해소하는 방법이 다름을 발견합니다. 즉 독립적인 자신을 중요시하는 서양 문화권의 사람들은 자신을 위한 선택에서 더 큰 인지 부조화를 경험하는 반면 상호의존적인 관계를 중요시하는 아시아 문화권의 사람들은 상대방을 위한 선택일 때 더 큰 인지 부조화를 경험하는 것입니다.

이러한 연구 결과는 의사결정이나 행동을 한 후 태도 변화에 대한 문화적인 영향력이라는 제3의 변인이 존재함을 반영하지 못한 인지부조화 이론의 비판의 근거가 되었습니다.

3. 이론 비평 및 실습

1) '인지부조화 이론'의 개념을 통해 이론의 가설을 완성하고 가설의 변인과 어떤 관계의 가설인지 분석해 보세요.

이론	인지부조화 이론	
가설		
변인분석	독립변인	종속변인
	범주형변인	연속형변인
관계분석	차이의 가설	관계의 가설
	양의 관계	음의 관계

2) '인지부조화' 이론을 7가지 비평 기준에 맞춰 비평해 보세요.

2변인 가설 비평	검증가능성(Testability) / 반증가능성(Falsifiability) 검증
예측력 (Predictability)	
간결성/경제성 (Parsimony)	
설명력 (Explanatory power)	
유효범위 (Scope)	
아름다움/미학 (Aesthetics)	

제15장 계획된 행동이론

1. 이론 내용

1) 개념

계획된 행동 이론(theory of planned behavior)은 행위 의도로 온전히 행동을 예측할 수 없다는 '합리적 행위 이론'의 한계를 수정하고 보완한 모델입니다.

행위 의도를 행동과 주관적 규범으로 설명했던 기존의 합리적 행위 이론에 '행동에 대해 지각된 통제감'이라는 제3의 변수를 추가해 태도와 행동의 관계를 조금 더 정교하게 예측하고자 한 이론입니다. 즉 합리적 행동이론에서 대상 행동이 개인의 자의적 통제하에 있다고 가정하였지만 통제가 불가능한 경우 행동으로 이어지기 어렵다는 한계를 지각된 행동 통제력 변수를 추가해서 보완한 것입니다.

여기서 **'합리적 행위 이론(Theory of reasoned action)'**이란 인간의 복잡한 행동을 2가지 변인으로 설명했습니다. 즉, 개인적 요인인 **태도(attitude)**와 사회적 요인인 **주관적 규범(subject norm)**이 그것인데요. 이 두 가지의 변인이 선행 요인으로 작용하여 행동의도(intention)에 영향을 미치고 그것이 행동(action)으로 연결된다고 밝힌 이론입니다.

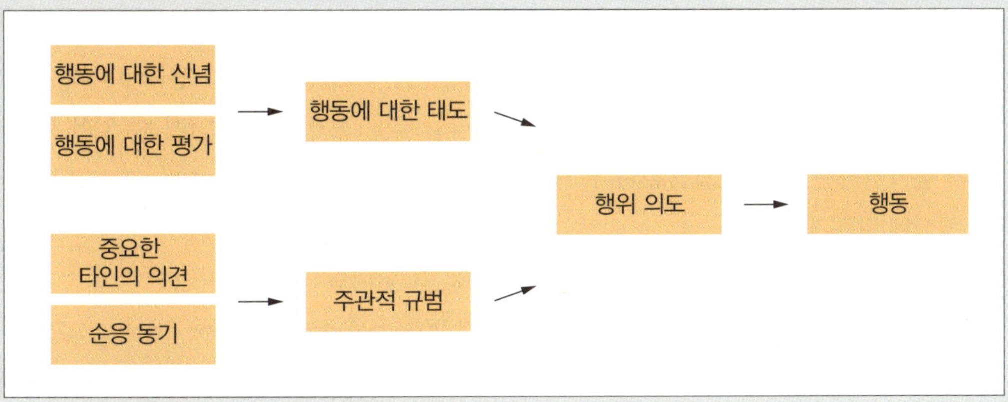

그림 15-1 **합리적 행위 이론**

· 출처 : Fishbein, M., & Ajzen, I.(1975). Belief, attitude, intention, and behavior : An introduction to theory and research. Reading, MA : Addison-Wesley

하지만 인간의 행동을 이렇게 2가지 요인으로 설명하는 것은 불가능하고 이를 '지각된 행동 통제'로 보완 수정한 이론이 '계획된 행동이론'입니다.

여기서 '**지각된 통제감**(Perceived Behavior Control : PBC)'이란 개인이 어떤 행동을 수행하거나 통제할 수 있는 능력에 대한 인식, 행동을 실천에 옮길 수 있다는 믿음을 말합니다. 즉 자신의 주관적인 믿음뿐만 아니라 시간, 정보 등 외적 요인이 더 포괄적으로 포함된 개념입니다.

행동 실행의 용이성과 어려움 정도에 대한 개인적 신념을 말하는 지각된 행동 통제력은 아래표와 같이 내적 요인과 외적 요인으로 나눌 수 있습니다.

지각된 통제감(Perceived Behavior Control : PBC)	
내적 요인	개인의 성격, 기술, 능력
외적 요인	시간, 기회, 상대방 의존도

2) 배경 및 주요 연구

1975년 피시 바인과 아젠(Fishbein & Ajzen, 1975)은 사람들이 특정 행동에 대해 긍정적인 태도를 가지고 있고 자신에게 중요한 주변 사람들에게 그 행동이 용인될 수 있을 때 행동 의도가 높아진다는 주장을 펼쳤습니다. 이를 '**합리적 행위 이론**(theory of reasoned action)'으로 세상에 알리게 됩니다.

하지만 행위 의도만으로는 온전히 행동을 예측할 수 없다는 사실에 착안한 아젠이 자신이 세상에 내놓았던 이론에 '**행동에 대해 지각된 통제감**(Perceived Behavior Control : PBC)'이라는 제3의 변수를 추가해서 수정 보완하게 됩니다. 이렇게 태도와 주관적 규범 그리고 지각된 통제감이라는 3가지 원인에 의해 행동과 태도와의 관계를 밝힌 이론이 바로 1985년 발표한 '**계획된 행동이론**(theory of planned behavior)'입니다.

아젠은 합리적 행위 이론이 주관적 규범과 태도 사이의 관계를 명확하게 설명하지 못한다는 한계에 대해 먼저 밝혔습니다. 즉 행동에 영향을 미치는 두 가지 요인인 '태도와 주관적 규범'이 상호 배타적인 개념이 아니라 사실은 상호 보완성으로 나타날 수 있다는 것이었습니다. 다시 말해 태도가 규범에 의해 구성이 되거나, 혹은 규범이 태도에 의해 구성이 될 수 있다는 것이었습니다.

나아가 합리적 행위 이론에서는 행위 의도가 형성되면 다른 요인의 영향 없이 행위 의도가 곧 행동으로 연결된다고 봤지만, 행위 의도를 갖고 행동을 전환시키기 위해서는 다양한 환경적, 상황적, 맥락적 문제를 해결해야 한다는 한계를 깨닫습니다.

이 한계를 극복하기 위해 사람들은 동기적 요소뿐 아니라 행동을 하기 위한 기회나 자원 등이 영향을 미치며 이를 행동으로 반영하기 위해서 스스로 행위 할 수 있는 능력과 할 수 있다는 믿음이 필요함을 인지합니다. 이를 아젠은 '**지각된 통제감**(Perceived Behavior Control : PBC)'으로 설명합니다.

지각된 통제감은 1977년 캐나다 심리학자 앨버트 반두라(Albert Bandura)가 사회학습 이론에서 제시한 자아 효능감과도 연결됩니다. '**자아 효능감**(perceived self-efficacy)'이란 어떤 상황에서 본인이 적절할 행동을 할 수 있다는 기대와 신념, 주관적인 믿음을 말합니다.

이는 '내가 잘할 수 있다. 어떤 적절한 행동을 취할 수 있을 것이다'라고 믿는 정도를 말합니다. 하지만 아젠은 반두라가 제시한 자아효능감과 지각된 통제감에 차이가 있다고 설명했습니다.

즉, 자아 효능감은 주관적인 믿음인 반면 지각된 행동 통제력은 주관적인 믿음뿐만 아니라 시간, 정보, 기술, 타인과 협동 등 기회나 자원이라는 외적 요인이 더 포괄적으로 포함된 개념이라고 밝히며 세상에 '계획된 행동 이론'을 내놓게 됩니다.

3) 이론 특징

계획된 행위 이론의 핵심은 행동에 대한 지각된 통제감이라고 할 수 있습니다. 이 지각된 통제감과 행동에 대한 태도, 그리고 주관적 규범들이 서로 유기적인 영향을 주고 이러한 3가지 요소가 행위 의도를 만들고 실제 행동으로 이어지게 된다는 것입니다. 그렇기 때문에 각각의 요인들의 특징을 파악하는 것이 계획된 행동이론을 이해하는 데 있어서 중요합니다.

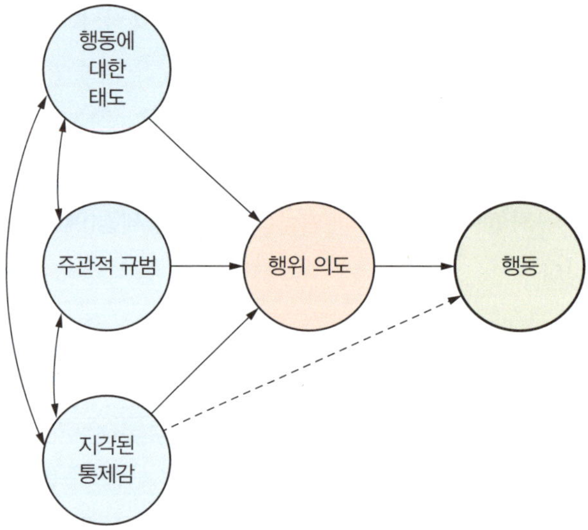

그림 15-2 **계획된 행동 이론**

출처 : Ajzen, I.(1991). The theory of planned behavior. Organizational behavior and human decision processes, 50(2), 179~211.

그럼 개인적인 요인인 **태도(attitude)**의 특징에 대해 알아보겠습니다.

첫째, 태도의 사전적인 의미는 '어떤 일이나 상황 따위에 대해 취하는 입장' 혹은 '마음가짐'입니다.

계획된 행동이론에서 태도는 특정한 행동에 대해 개인이 가지고 있는 신념(Belief)을 말합니다. 즉, 태도는 행동에 대한 본인의 신념이나 그 신념에 의한 평가를 통해 결정지어지고 이러한 신념이 행위 의도로 이어지게 되는 것입니다.

특정 행동에 대한 태도가 긍정적으로 예상되면 그 결과에 대한 긍정적인 평가로 인해 행위에 대한 동기와 의도로 이어져 결국 긍정적인 행동으로 이어진다는 것입니다. 반면 자신의 행동에 대한 신념이나 평가가 부정적이라면 행위에 대한 태도가 불확실해지고 부정성이 증가되어 행동으로 이어지지 않게 되는 것입니다.

둘째, 사회적 요인인 **주관적 규범**(subject norm)입니다.

주관적 규범은 해당 행동에 대한 중요한 타인들의 의견이나 평가, 그로 인해 순응할 수 있는 동기를 말합니다. 즉 주관적 규범은 개인적 요인보다 주변 사람들이 긍정적으로 평가하는 의견에 대해 본인이 얼마나 순응하느냐에 따른 사회적 요인이 기민하게 작용합니다. 예를 들어 자신에게 중요한 의미를 갖고 있는 준거 집단에서 해당 행동에 대해 긍정적인 의견과 평가를 갖고 있으면 행위자가 그를 지각해 행위 의도로 받아들이고 이를 행동으로 이어간다는 것입니다. 그렇기 때문에 주관적 규범은 사회적 영향력 또는 사회적 압력이라고 표현하기도 합니다.

셋째, 계획된 행동이론의 핵심인 '**지각된 통제감**(Perceived Behavior Control : PBC)'입니다.

지각된 통제감은 자신이 대상 행동을 실제로 얼마나 잘 수행하고 통제할 수 있는지에 대한 주관적 평가를 말합니다. 행동을 옮기기 위해서는 시간이나 돈 혹은 기술과 같은 자원이나 타인과의 협동과 기회 등도 중요한 영향을 미칩니다. 이와 더불어 실제 행동을 할 수 있다는 스스로에 대한 신념과 해당 행동에 대해 통제할 수 있는 지각도 필요합니다. 이러한 요인을 바로 지각된 통제감이라고 합니다.

위의 세 가지 요소에 대한 개념적 특징을 파악할 때 비로소 계획된 행동 이론에 대해 이해할 수 있습니다.

2. 이론의 비판

계획된 행동 이론의 장점은 행동 의도 설명력을 높였다는 것입니다. 특히 건강 관련 행동에 있어서 설명력이 높았습니다.

하지만 이론의 한계가 존재합니다.

가장 큰 한계는 사람이 의도한 대로 행동을 꼭 하지는 않는다는 것입니다. 또한, 행동 의도에 대한 3개 변인의 설명력이 부족하다는 점입니다. 설명력이 낮다는 것은 대안 요인 혹은 추가 변인이 있을 수 있다는 것을 의미합니다. 다시 말해서 조절 변인이 존재함에도 이를 반영하지 못했습니다.

무엇보다 행동 의도에 있어서 감성적 요소 즉, 기분, 공포, 정서 등이 배제되어 있다는 것입니다. 또한, 측정 방법에 따른 차이가 존재합니다. 직접 간접 방식으로 물어보았을 때 결과에 차이가 있었다는 점등을 들어 계획된 행동 이론을 비판하고 있습니다.

3. 이론 비평 및 실습

1) '계획된 행동 이론'의 개념을 통해 이론의 가설을 완성하고 가설의 변인과 어떤 관계의 가설인지 분석해 보세요.

이론	계획된 행동 이론	
가설		
변인분석	독립변인	종속변인
	범주형변인	연속형변인
관계분석	차이의 가설	관계의 가설
	양의 관계	음의 관계

2) '계획된 행동'이론을 7가지 비평 기준에 맞춰 비평해 보세요.

2변인 가설 비평	검증가능성(Testability) / 반증가능성(Falsifiability) 검증
예측력 (Predictability)	
간결성/경제성 (Parsimony)	
설명력 (Explanatory power)	
유효범위 (Scope)	
아름다움/미학 (Aesthetics)	

제16장 프레이밍(Framing) 이론

1. 이론 내용

1) 개념

프레이밍(Framing) 이론은 어떤 정치적, 사회적 움직임이나 사건들에 대해 매스미디어에 의해 사회적으로 형성되는 해석이나 틀에 대해 연구한 이론입니다. 즉 사람마다 사물을 바라보거나 해석할 때 사용하는 준거 틀과 도식이 다른데 이에 따라 자신의 가치와 관점으로 현상을 이해하고 해석하는 사회 현상을 다룬 이론입니다.

프레이밍 이론은 틀짓기 이론으로도 불리며 이러한 현상들을 '창문 틀 효과' '틀 짜기 효과'라고 부릅니다. 이것은 바깥 풍경을 방 안에서 창문을 통해 바라보는 것과 같다는 의미입니다. 외부의 풍경은 변함이 없지만, 어느 창문을 통해 보는가에 따라 누군가는 넓은 평원을 보기도 하고 누군가는 작은 한 그루의 나무만 바라보게 됩니다. 즉, 어떤 한 가지 사건을 다룰 때 언론 매체가 어디를 조명하는가에 따라 대중에게는 천차만별의 이미지를 갖게 되는 것입니다.

마찬가지로 뉴스 미디어가 어떤 사건이나 이슈를 보도하는 과정에서 특정한 프레임을 이용해 보도를 하게 되면 시청자들은 그 틀에 맞춰서 해석, 평가를 하게 됩니다. 이렇게 해석된 독자와 시청자들은 여론을 형성하게 되고 이는 다른 사람의 판단이나 선택에도 영향을 미치게 됩니다. 즉, 프레이밍 이론이란 문제의 표현 방식에 따라 동일한 사건이나 상황임에도 불구하고 개인의 판단이나 선택이 달라질 수 있다는 현상을 다루는 이론입니다.

2) 배경 및 주요 연구

1974년 사회학자 어빙 고프만(Goffman)이 쓴 '프레임 분석'에 의해 프레이밍의 개념이 제시되었고 1981년 심리학자 대니얼 카너먼(Daniel Kahneman)에 의해 이론화되었습니다.
대니얼 카너먼(Daniel Kahneman)은 이스라엘 출신의 미국 심리학자이자 경제학자이며 이 프레이밍 이론을 바탕으로 기대효용이론을 뛰어넘는 경제학의 새로운 지평을 연 공로로 2002년 노벨 경제학상을 수상한 인물입니다.

카너먼은 사람마다 사물을 바라보는 관점이나 해석 시 사용하는 준거 틀과 도식이 다르며 그에 따라 사회 현상을 저마다 다르게 이해한다는 점을 착안했습니다. 이에 카너먼은 행동경제학자 아모스 트버스키(Amos Tversky)와 함께 다음과 같은 실험을 진행합니다.

피실험자들을 두 그룹으로 나눠 '미국 방역 당국이 정글 모기가 퍼뜨리는 신종 전염병에 맞서고 있다. 이 병을 그대로 두면 600명이 목숨을 잃게 된다'라는 전제를 제시했고 그에 대한 치료방법 두 가지 중 하나를 선택해 보라고 했습니다.

첫 번째 집단의 사람들에게는 다음의 두 가지 치료법을 제시하고 선택하라고 했습니다.

첫 번째 그룹	
A 안	환자 200명을 살릴 수 있다.
B 안	환자 전체가 살 수 있는 확률은 600명 중 3분의 1, 모두 죽을 확률 3분의 2.

이 첫 번째 그룹에 대한 실험 결과 대부분의 피실험자들이 A 안, 즉 환자 200명을 살릴 수 있는 치료법을 선택했습니다.
(72%의 응답자가 A를 선호, 28%는 B를 선호)

다음은 두 번째 그룹에게는 다음의 두 가지 치료법 중 하나를 선택하라고 제시했습니다.

두 번째 그룹	
C 안	환자 400명이 죽는다.
D 안	아무도 죽지 않을 확률은 600명 중 3분의 1, 환자 모두가 죽을 확률 3분의 2

이 두 번째 그룹에 대한 실험 결과 대부분의 피실험자들이 D안, 즉, 아무도 죽지 않을 확률 600명 중 3분의 1, 환자 모두가 죽을 확률 3분의 2를 선택했습니다.
(78%의 응답자가 D를 선호, 22%는 C를 선호)

사실 치료법 A와 C는 같은 내용이고 B와 D 역시 같은 결과입니다. 이성적으로 판단을 하게 된다면 당연히 1번 집단의 결과와 2번 집단의 결과가 같게 나타나야 합니다. 하지만 피실험자들에게 프레임의 변화를 줌으로써 다른 결과를 이끌어 낸 것입니다.

다시 말해서 피실험자들에게 '살릴 수 있다'라는 긍정의 프레임을 씌우느냐 아니면 '죽을 것이다'라는 부정적 프레임을 씌우느냐에 따라 선호와 해석이 달라졌다는 것입니다.

이 실험은 같은 문제를 다른 방식으로 제시했을 때 사람들은 다르게 해석하고 왜곡한다는 사실을 잘 보여줍니다.

행동경제 학자 아모스 트버스키와 다니엘 카너먼의 이와 같은 연구 실험은 의사결정에 있어 전통적인 이성적 선택이 설명하지 못하던 것을 설명하는 새로운 이론이 필요함을 보여주었습니다. 그렇게 탄생한 이론이 프레이밍 이론이며 프레이밍이란 사물에 대한 관찰과 이해과정 즉, 경험의 조직화 과정이라고 정의했습니다.

다시 말해서 사람마다 사물이나 대상 혹은 이슈를 바라보거나 해석할 때 사용하는 배경지식과 경험은 각기 다르며 누구나 자신의 가치와 관점을 이용해서 세상을 이해하며 뉴스 미디어는 이를 이용해서 보도내용을 조작, 왜곡할 수 있다는 점을 이론을 통해 밝혔습니다.

3) 이론 특징

(1) 선택(selection)과 강조(salience), 무시(ignorance) 전략 특징

프레이밍 이론에서의 프레이밍 전략은 **선택(selection)과 강조(salience)** 그리고 **무시(ignorance) 전략**입니다.

먼저 뉴스 미디어에서의 **선택(selection)과 강조(salience)** 전략이란 해당 뉴스가 현실을 있는 그대로 보여주지 않고 현실의 일부분을 임의대로 선택, 강조하는 전략을 말합니다.

예를 들어 어떤 행태에 대해 보도할 때 진보적(Progressive)라는 단어들을 취사선택해 이러한 부분을 강조해서 보도하게 되면 사람들은 해당 행태에 대해 개선, 발전, 전진이라는 의미로 해석해 미디어를 이해하게 된다는 것입니다.

무시(ignorance) 전략이란 뉴스로 가공하는 과정에서 일정한 방식과 기준에 따라 어떤 내용을 버리고 무시한 채 보도하는 전략을 말합니다.

예를 들어 어떤 행태가 퇴보나 후퇴성을 갖고 있음에도 이를 무시한 채 반대 성향의 형태만 보도를 하게 된다면 해당 보도를 본 시청자들은 사안에 대해서 바로 인식하기 어렵다는 것입니다.

이러한 전략들은 활용해 뉴스 미디어는 그들이 추구하는 바에 맞게끔 보도를 이어나가게 됩니다. 이때 특정한 프레임을 이용해 보도를 할 경우 사건이나 이슈에 대한 왜곡된 이미지가 생성이 되는 것입니다. 이를 받아들인 수용자의 입장에서는 프레임 하에서 해당 보도를 바라보기 때문에 이해와 해석에 있어서 한계가 만들어지고 이는 곧 편협된 시각과 해석을 불러일으키게 됩니다.

(2) 긍정적 혹은 부정적 프레이밍 효과 특징

사람들은 일반적으로 절대적인 확실성을 선호하기 마련입니다. 가령 이득이 주어지는 것이 확실할 때는 '**긍정적 프레이밍 효과**'를 보이게 되고 반대의 상황에서는 '**부정적 프레이밍 효과**'를 보이게 됩니다. 만약 결정 조건이 '아마도'라는 불확실성이 들 때에는 취사선택 중 위험을 줄이는 선택 즉 '**손실회피 전략**'을 사용하게 됩니다.

또 위험을 선호하는 행동으로의 전환은 수용자 이를 받아들이고 결정을 프레이밍 할 때 '부정적 프레이밍 효과'로 받아들이게 된다.

그래서 프레임의 다른 표현으로 '**틀짓기**' 또는 수용자들의 해석을 설계한다고 하여 '**해석의 설계**'라고 부릅니다. 이는 의미를 부여하고 경험을 조직화하며 조직된 행동을 만들어 내도록 유도하는 프레이밍 이론의 특징이라고 할 수 있습니다.

2. 이론의 비판

프레이밍 이론은 사회과학 연구에 기반하며 다음의 두 가지 중요한 이론적 가정을 갖고 있는 의미 있는 이론이라고 볼 수 있습니다.

첫째, 언론이 사회를 있는 그대로 반영하기보다는 현실에 대한 사회의 동의를 유도함으로써 현실을 만들어 낸다는 점입니다.

둘째, 수용자는 언론의 보도 내용을 이해하는 과정에서 사회적으로 동의할 수 있는 현실에 대한 명제를 현실적인 것으로 수용한다는 점입니다.

하지만 프레이밍 이론은 인지적 메커니즘이 분명하지 않다는 지적이 있습니다. 프레임은 특정 대상의 속성일 뿐이라는 것입니다. 즉 이슈 그 자체가 근간이 되며 프레임은 단순히 그 대상에 대해 덧붙일 수 있는 여러 다양한 속성 중 일부분일 뿐이라는 것입니다.

인간은 프레이밍 되어 있는 보도나 이슈를 그대로 받아들이지 않으며 다양한 매체나 자료를 통해 재구성하고 비판합니다. 또 과거처럼 매스미디어의 영향력이 큰 상황에서 프레이밍 효과는 인간에게 지대한 영향을 미쳤지만 지금처럼 다양한 미디어의 등장은 오히려 프레이밍화 된 보도나 이슈를 비판하고 배제하며 다양한 네트워크를 통해 여론을 형성합니다.

3. 이론 비평 및 실습

1) '프레이밍 이론'의 개념을 통해 이론의 가설을 완성하고 가설의 변인과 어떤 관계의 가설인지 분석해 보세요.

<table>
<tr><th>이론</th><th colspan="2">프레이밍 이론</th></tr>
<tr><td>가설</td><td colspan="2"></td></tr>
<tr><td rowspan="4">변인분석</td><td>독립변인</td><td>종속변인</td></tr>
<tr><td></td><td></td></tr>
<tr><td>범주형변인</td><td>연속형변인</td></tr>
<tr><td></td><td></td></tr>
<tr><td rowspan="4">관계분석</td><td>차이의 가설</td><td>관계의 가설</td></tr>
<tr><td></td><td></td></tr>
<tr><td>양의 관계</td><td>음의 관계</td></tr>
<tr><td></td><td></td></tr>
</table>

2) '프레이밍'이론을 7가지 비평 기준에 맞춰 비평해 보세요.

2변인 가설 비평	검증가능성(Testability) / 반증가능성(Falsifiability) 검증
예측력 (Predictability)	
간결성/경제성 (Parsimony)	
설명력 (Explanatory power)	
유효범위 (Scope)	
아름다움/미학 (Aesthetics)	

제17장 점화 효과 이론(Priming Theory)

1. 이론 내용

1) 개념

점화 효과 이론(Priming Theory)은 시간적으로 먼저 제시된 자극이나 **점화 단어**(Primig word)에 의해 나중에 제시된 **표적 단어**(Target word)의 처리나 자극의 해석에 부정적 혹은 긍정적 영향을 주는 인지적 처리 과정을 다룬 이론입니다. 즉, 앞서 본 정보에 의해 떠올려진 특정 개념이 뒤에 제시되는 정보의 해석이나 이해에 영향을 미치는 현상을 말합니다.

언론이 여론의 영향에 미치는 효과를 설명하기 위해 개발된 대표적인 현대 매스커뮤니케이션 효과 이론 중 하나입니다. 특히 점화 효과 이론은 틀짓기 이론이나 의제 설정 이론의 문제점과 한계점을 지적함과 동시에 공중의 미디어 메시지 수용과정에서의 인지적 처리 과정에 좀 더 초점을 맞추었습니다.

여기에서 '**점화**(Priming)'란 어떤 자극에 우선적으로 노출이 되면 이미 기억 속에 있는 어떤 정보에 대한 접근성이 증가하는 현상을 말합니다. 즉 정보 처리 과정에서의 '예열'이라 할 수 있습니다, 대체로 사전 정보를 이용함으로써 자극의 탐지나 확인 능력이 촉진되어지는 것을 가리킵니다.

점화 단어(prime)란 시간적 순서에서 먼저 제시된 단어를 말하고 표적 단어(target)란 점화되어 나중에 제시된 단어를 말합니다. 점화 효과는 이렇게 단어에만 국한되는 것이 아니라 무의식적으로 행동이나 감정에도 영향을 끼칩니다. 즉, 스스로 인식하지 못한 상태에서 먼저 경험했던 어떠한 것이 다음에 할 행동에 영향을 끼칠 수 있다는 의미입니다. 이러한 과정을 설명한 이론이 점화효과 이론입니다.

2) 배경 및 주요 연구

점화에 대한 본격적인 연구는 1971년 데이비드 마이어(David Meyer)와 로저 쉬바 네 벨트(Roger Schvaneveldt)의 연구에서 비롯되었습니다.

1970년대와 1980년에 행해진 초기 의제 설정 연구는 수용자가 '무엇'이 중요하다라고 알게 되는 인지 차원에만 머무르고 있었기 때문에 특정 이슈의 현저성을 인식한 다음 발생하는 후속 반응에 대해서는 다루지 못했다는 한계가 있었습니다. 이에 마이어와 쉬바 네 벨트는 1차적으로 특정한 사안을 인식한 인지적 효과가 다음 단계에서 수용자의 태도와 의견, 행동으로 미칠 수 있는 연결고리에 대한 논의가 부족하다고 판단하고 이를 연구하기 시작합니다.

마이어와 쉬바 네 벨트는 단어의 어휘를 판단하는 과제에서 두 가지 연구를 수행했습니다.

첫째, 목표와 관계없는 단어를 먼저 보여 준 뒤 표적 단어를 보여주는 방법의 연구였습니다,
둘째, 표적과 밀접한 관계를 가진 단어를 먼저 보여 준 뒤 표적 단어를 보여주는 연구였습니다.

이 연구 끝에 전자보다 후자에서 반응 시간이 훨씬 더 빠르다는 결과를 얻어냅니다.

이를 통해 인간의 뇌가 특정한 방식으로 반응하도록 분비하는 과정에서 이미 기억하여 저장된 사고가 무의식적으로 활성화된다는 점화(Priming)을 발견하게 됩니다.

이 연구는 예일대학교 심리학자 존 바그(John Bargh)와 그의 동료들이 1996년이 실시한 실험을 통해 앞서 연구한 '점화 효과'가 사람들의 행동에 미치는 엄청난 영향력을 미친다는 사실을 증명하게 됩니다.

뉴욕 대학의 학생들을 두 그룹으로 나누어 언어 테스트를 한다는 명목으로 다음의 어휘 목록을 읽게 했습니다.

어휘 목록	
A 그룹	근심하는, 늙은, 회색의, 감상적인, 현명한, 은퇴한, 주름진
B 그룹	운동을 잘하는, 젊음, 관절이 유연한, 춤추기, 파티, 즉흥적

A 그룹에게는 노인을 묘사한 단어를 제시했고 B 그룹에게는 청년을 묘사하는 단어를 제시했습니다.

바그는 실험을 끝낸 참가자들과 인사를 하고 헤어지면서부터 몰래 진짜 실험을 시작했습니다. 실험을 끝낸 연구원들이 피실험자들이 925미터에 이르는 거리인 복도 한쪽 끝에서 다른 쪽으로 이동하는데 걸리는 시간을 몰래 측정한 것입니다.

각각 다른 어휘 목록을 보았던 참가자들이 출구까지 가는데 걸리는 거리에서 행동 패턴이 다르게 나타날 것이라는 전제를 갖고 임했던 실험이었던 것이죠. 그러자 결과는 놀랍게도 노인을 연상케 하는 제시어를 받았던 학생들은 그렇지 않은 학생들보다 훨씬 느리게 걷는 것으로 나타난 것입니다. 반면 청년을 묘사한 어휘 목록을 봤던 사람들은 평소 자신의 걸음걸이보다 1초 정도 더 빨리 걸어갔습니다.

이 학생들은 본인들에게 주어진 단어가 노인과 관련된 단어라는 것을 무의식적으로 인식했고 그 영향으로 자기도 모르게 노인처럼 천천히 걸었고, 청년과 관련된 단어에는 자신도 모르게 활기차게 걸었던 것입니다.

즉, 점화 효과에 의해 인간의 행동과 태도 변화가 일어났다는 사실을 밝혀 이론화했습니다.

3) 이론 특징

점화 효과는 이전에 제시된 자극이 이후에 제시되는 자극의 처리에 미치는 영향에 따라 '**정적 점화 효과**(Positive priming effect)'와 '**부적 점화 효과**(Negative priming effect)'로 나눌 수 있습니다.

정적 점화 효과 (Positive priming effect)란 이전에 경험했던 단서에 대한 '빠른 반응'으로 나타나는 기억의 흔적을 말합니다.

부적 점화 효과 (Negative priming effect)란 이전에 억제했던 단서에 대한 '지연된 반응'으로 나타나는 기억의 흔적을 말합니다.

그림 15-3 **(점화 효과 이론 그림). 부적 점화 효과를 측정하기 위한 자극 예시**

출처 : de Zubicaray, McMahon, Eastburn, Pringle, & Lorenz, 2006

위의 그림을 예로 들어보겠습니다.

초록 그림과 빨간 그림이 놓인 상황에서 초록 그림(오리)에 주의를 기울이고 빨간 그림(의자)은 주의를 억제했다고 가정해 보겠습니다.

이후에 다음 그림 속 초록 그림(신발)을 보았을 때 반응 속도가 빨라질 것입니다. 이전에 주의를 기울이지 않았던 그림에 대한 반응 보다 대체로 빠르게 반응 속도를 보이는 이러한 반응을 **정적 점화 효과**라고 합니다.

반대로 주의를 억제했던 빨간 그림(의자)은 지각 판단이 지연돼 이후에 보게 된 빨간 그림(오리)에 대한 반응 속도가 느려질 것입니다. 이러한 현상을 **부적 점화 효과**라고 합니다.

또한, 점화 효과는 새로운 정보에 대한 해석 형태에 따라 크게 **동화효과**(Assimilation effect)와 **대조효과**(Contrast effect)로 나눌 수 있습니다.

동화효과(Assimilation effect)는 점화에 의한 새로운 정보에 대한 해석이 기존의 개념과 일치하는 방향으로 이루어지는 것을 말합니다. 즉 타깃 정보에 노출되었을 때 활성화된 범주가 타깃 정보와 어느 정도 일치하면 다른 범주와의 비교를 거치지 않고 같은 방향으로 정보를 해석하게 되는 것이 동화 효과입니다.

대조 효과(Contrast effect)는 정보를 해석할 때 기존의 개념보다는 새로 수용하는 정보를 판단의 기초로 사용하며 나타나는 현상을 말합니다. 만일 활성화된 타깃 정보가 활성화된 범주와 일치하지 않으면 이를 해석하고 평가하는 비교 기준점으로 인식해 반대 방향으로 정보를 해석하게 되는 것이 대조 효과입니다.

2. 이론의 비판

점화 효과 이론은 현재 인지 과정의 여러 측면을 연구하는 도구로 널리 사용되고 있습니다.
특히 연구자들에게 여론 변화와 관련해 주목할 수 있는 아이디어를 제시했다는 점에서 주목을 받았습니다. 또한, 기존의 의제 설정 이론에서 주장한 이슈의 현저성과 같은 인지적 차원의 효과가 수용자의 평가 과정을 통해 태도와 의견으로 이어질 수 있는 연결고리를 제시했다는 부분 역시 사회이론 및 행동, 심리이론 분야에서도 이바지한 바가 큽니다.

하지만 다른 이론들에 비해서 상대적으로 경험적 연구 결과가 많지 않다는 비판을 받고 있습니다. 특히 실험실 밖에서 점화 효과 발생의 타당성을 검증하는 부분은 많은 제3변인들이 존재함에도 이를 반영하지 못했다는 점은 점화 효과 이론의 가장 큰 비판 대상입니다.

3. 이론 비평 및 실습

1) '점화 효과 이론'의 개념을 통해 이론의 가설을 완성하고 가설의 변인과 어떤 관계의 가설인지 분석해 보세요.

이론	점화 효과 이론	
가설		
변인분석	독립변인	종속변인
	범주형변인	연속형변인
관계분석	차이의 가설	관계의 가설
	양의 관계	음의 관계

2) '점화 효과'이론을 7가지 비평 기준에 맞춰 비평해 보세요.

2변인 가설 비평	검증가능성(Testability) / 반증가능성(Falsifiability) 검증
예측력 (Predictability)	
간결성/경제성 (Parsimony)	
설명력 (Explanatory power)	
유효범위 (Scope)	
아름다움/미학 (Aesthetics)	

제18장 귀인 이론(Attribution Theory)

1. 이론 내용

1) 개념

귀인 이론(Attribution Theory)이란 자신이나 혹은 다른 사람들의 특정한 행동이 발생된 원인을 찾아내기 위해 추론하는 과정을 설명한 이론입니다. 즉 자신이 발견하고 관찰한 행동이나 태도에 대한 이유나 근거를 찾고 질문하며 대답하는 과정이 바로 '귀인 이론'입니다.

귀인 이론에 따르면 개인이 특정한 행동이나 태도를 취한 이유를 상황이라는 맥락 안에서 추론하고 그것으로 인해 귀인 되었다고 여기는 것을 '**상황적 귀인**'이라고 표현했습니다. 또 반대로 개인의 내적 혹은 기질적 맥락안에서 귀인되었다고 여기는 것을 '**기질적 귀인**'이라고 하였습니다.

다시 말해서 해당 행동을 할 당시의 환경, 사회적 규범, 처지 등의 상황적 맥락에 의해 발생됐다고 추론한다면 '**상황적 귀인**'이고 사람의 행동이나 태도가 행위자의 기질이나 성격, 동기와 같은 내부 요소에 의한 것이라고 추론한다면 '**기질적 귀인**'이라고 합니다.

귀인 이론의 2가지 구분		
상황적 귀인	외부 요소	외부환경, 사회적 규범, 맥락
기질적 귀인	내부 요소	동기, 성격, 기질, 개인특성

예를 들어 A라는 사람이 살인을 저질렀다고 가정해 봅시다.
A의 행동 원인에 대해 추론하게 되는 과정 속에서 A가 살인을 저지른 이유를 그의 아픈 가정사나 불우했던 환경의 원인 탓으로 생각한다면 이는 '상황적 귀인'에 해당합니다.
반대로 A가 살인을 저지른 이유가 평소 소극적인 성격 때문에 잘 어울리지 못하는 것 때문이었다고 생각한다면 이는 '기질적 귀인'에 해당합니다.

이러한 귀인 이론은 사람들은 특정 행동이 일어난 원인을 분석하는 경향이 있다라는 전제로부터 출발하였고 그 귀인의 옳고 그름과는 별도로 행위의 원인을 명확하게 분석함으로써 불확실성을 줄이게 된다는 결론을 내놓았습니다.
또한, 이러한 귀인을 분석하는 과정에서 오류를 범한다고 설명했습니다.

2) 배경 및 주요 연구

귀인 이론은 1958년 캘리포니아 심리학과 교수인 '프리치 하이더(Fritz Heider)'의 저서 '대인관계의 심리학(The Psychology of Interpersonal Relations)'에 의해 처음 세상에 알려졌습니다. 위너는 인간 행동의 심리적 원인을 밝혀 그에 대한 설명과 함께 이를 예측을 하는 사람들의 심리를 연구하기 시작했습니다.

귀인 이론의 아버지라도 불리는 하이더는 사람들은 자신이나 다른 사람의 행동의 원인이 대한 납득 가능한 설명이나 해답을 얻을 때까지 추론하는 과정을 갖는다고 생각했습니다. 이렇게 지각하는 과정과 재구성하는 과정을 거치면서 행위자의 행동을 추론하는 것을 '귀인(Attribution)이라고 했습니다.
또 하이더는 추론 과정에서 행위자의 행동의 원인을 내적 요소에 귀인 하는 내부 귀인과 상황적 요소에 의한 외부 귀인으로 이분해 설명하기도 했습니다.
그리고 그의 동료 헤럴드 켈리(Harold Kelley)와 함께 발전된 귀인 이론을 발표합니다.

켈리는 귀인 이론을 '**공변 모형(Convariance model)**'으로 발전시켰습니다. 특정 원인이 있거나 없을 때 그 행동이 발생하는지 또는 발생하지 않는지를 고려해서 행동의 원인을 귀인 하는 과정을 설명하면서 '**합일성(consensus)**', '**특이성(distinctiveness)**', '**일관성(consistency)**'이라는 세 가지 개념을 밝혔습니다.
즉, 사람들이 특정 행동을 관찰한 후에 그 원인을 상황적, 기질적 귀인으로 고려할지 여부를 판단하는 과정에서 일관성, 합일성, 특이성이라는 세 가지 차원의 정보를 고려하게 된다고 설명한 것입니다.

그 후 귀인 과정에서 발생할 수 있는 오류에 대해서 1967년 존스와 해리스(Jones & Harris)는 '**대응 추론 편파와 기본적 귀인 오류**'에 대해서 발표합니다.

그들은 실험을 통해 이를 설명했습니다. 특정한 행위를 하도록 강요받은 상태에서 이뤄진 A 행위자의 행동에 대해 B 실험자가 어떤 추론을 하는지 보는 과정의 실험이었습니다. 실험결과 B 실험자는 A 행위자의 행동에 대해 강요라는 상황적 귀인에 의해 행위가 이루어졌을 것이라고 추론을 무시하고 B 행위자 본인의 내적 요소에 의해 귀인해 행동을 이해한다는 것을 발견합니다.

이 실험을 통해 대응 추론에 대한 편파와 기본적인 귀인 오류가 발생함을 발견하게 됩니다.다시 말해 행위가 발생한 상황적인 요인은 과소평가하는 반면 개인이 갖고 있는 기질이나 성향에는 쉽게 기인한다는 것을 보여줬습니다.

또 1975년 테일러와 피스케(Taylor&Fiske)는 귀인 과정에서 발행할 수 있는 오류 하나를 더 발견하게 됩니다. 바로 '**행위자-관찰자 편향과 자기 고양 편향**'입니다. 행동의 원인을 이해하고 파악하는 귀인 이론은 타인의 행동을 관찰할 때 나타나는 귀인의 경향성과 달리 자신의 행동을 판단할 때는 다르게 나타난다는 것이었습니다.

테일러와 피스케는 이를 증명하기 위해 한 가지 실험을 합니다. 관찰자들이 A와 B 행위자가 대화하는 모습을 모두 지켜봤을 때와 한 사람만을 지켜봤을 때와 전혀 다른 귀인을 한다는 사실이었습니다. A와 B의 대화 모습을 모두 지켜본 관찰자는 대화 주도를 같은 비율로 했다고 응답하는 한편 각각 한명만 관찰한 경우에는 관찰한 대상이 대화를 주도했다고 답변한 것입니다. 즉, 같은 장소에서 같은 대화를 지켜보았는데도 누구에게 주의를 두느냐에 따라 대화를 주도하고 영향력이 크다라고 추론하는 '**행위자-관찰자 편향과 자기 고양 편향**'을 발견해 발표합니다.

그 후에도 많은 학자들이 귀인 이론을 발전시켜 나가며 인간의 행동과 태도의 원인을 분석하고 이해할 수 있는 토대를 마련합니다.

3) 이론 특징

귀인 이론의 '**공변 모형**(Convariance model)' 상대방의 행동이 다른 시기, 상황, 다른 사람과 함께 있을 때도 동일하게 나타나는지, 혹은 나타나지 않는지 원인을 규명할 때 '**합일성**(consensus)', '**특이성**(distinctiveness)', '**일관성**(consistency)'의 세 가지 정보를 종합적으로 고려합니다. 이 세 가지 정보의 특징은 다음과 같습니다.

첫 번째, **일관성**(consistency)입니다.

일관성(consistency)이란, 시간의 흐름이나 변화와 상관없이 특정 상황에서 항상 동일한 행동을 하는 것을 의미하는 것이다.

예를 들어서 항상 일찍 일어나는 사람의 경우 일관성이 높은 반면 새해 일출을 보기 위해 특정한 날에만 일찍 일어나는 경우 일관성이 낮다고 할 수 있습니다.

일반적으로 이 일관성이 높은 정보는 행위자의 기질적 귀인이 이뤄지고 반대로 일관성이 낮은 정보는 행위자의 상황적 귀인이 이뤄집니다.

두 번째, **합일성**(consensus)입니다.

합일성(consensus)이란, 특정 행동이 많은 사람들에게 동일하게 나타나는 것을 의미합니다.

예를 들어, 많은 사람들이 A라는 브랜드의 골프복을 좋아하는 경우 합일성이 높은 반면
B라는 사람만 A라는 브랜드의 골프복을 좋아할 경우는 합일성이 낮다고 할 수 있습니다.

일반적으로 이 합일성이 높은 정보는 상황적 귀인이 이뤄지는 반면 합일성이 낮은 정보는 행위자의 기질적 귀인으로 이뤄집니다.

세 번째, **특이성**(distinctiveness)입니다.

특이성(distinctiveness)이란, 특정한 원인이 있을 때만 특정 행동이 발생하는 것을 의미합니다. 즉, 원인이 없는 경우에는 특정 행동이 발생하지 않는다는 것입니다.

예를 들어 스트레스가 쌓일 때만 매운 음식을 먹는다면 이는 특이성이 높다고 할 수 있습니다. 일반적으로 이 특이성이 높은 정보는 기질적 귀인으로 이뤄지는 반면 특이성이 낮은 정보는 상황적 귀인으로 이뤄집니다.

위의 세 가지 공변 모형의 특징을 정리하면 다음 그림과 같습니다.

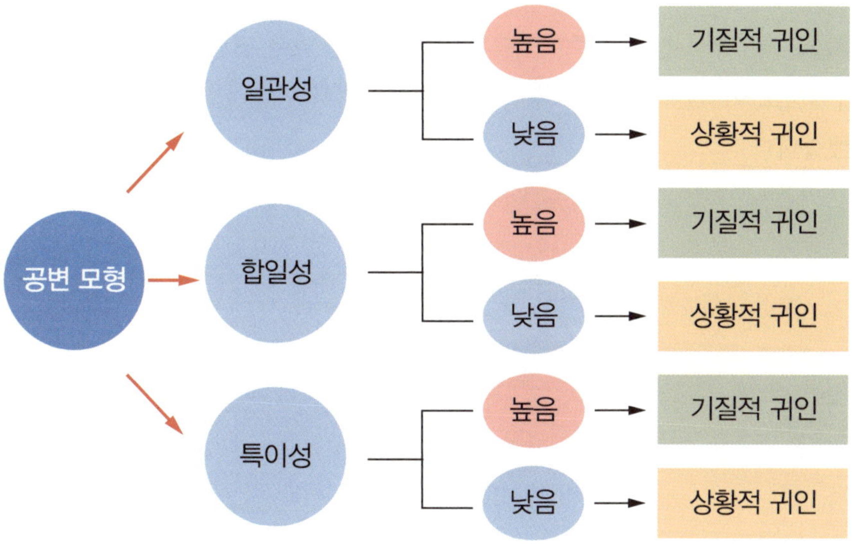

2. 이론의 비판

귀인 이론은 행동의 원인을 추론하고 이러한 과정을 통해 미래의 행동을 예측할 수 있다는 점에서 오늘날 사회 심리, 행동발달에 많은 영향력을 주고 있습니다. 그럼에도 불구하고 귀인 이론은 두 가지 근본적인 가정의 이론적, 경험적 근거가 부족하다고 비판받고 있습니다.

첫 번째 사람들이 행동의 원인을 추론할 때 꼭 기질적, 상황적 귀인이라는 이분법적인 사고를 하지는 않는다는 것입니다. 인간은 실제로 행동을 하거나 그 행동을 설명할 때 다양한 맥락과 사고를 하는데 이를 단순히 두 가지의 논리로만 구별했다는 사실에 지적했습니다.

두 번째 행동의 원인을 추론하기 위해서 공변 모형이 사용된다는 가정에 대한 이론적, 경험적 근거가 부족하다고 비판했습니다. 이러한 근거로는 공변 모형의 세 가지 정보들을 자발적으로 활용해 추론한다는 경험적 증거는 거의 발견되지 않았다는 점입니다.

세 번째. 또한 공변 모형의 세 가지 정보가 동등하게 쓰이는 것이 아니라는 점입니다. 특히 합의성의 경우 다른 두 정보에 비해 덜 중요하게 고려된다는 것이 니스벳과 보기다(Nisbett & Borgida, 1975)의 연구에서 밝혀졌습니다.

또 사람들은 세 가지 정보가 주어졌을 때 이 정보에 의해 귀인 했다고 했을지언정, 반드시 일상생활에서도 이러한 정보들을 수집하거나 이용해서 귀인 한다고 볼 수 없다는 점등을 들어 비판했습니다.

3. 이론 비평 및 실습

1) '귀인 이론'의 개념을 통해 이론의 가설을 완성하고 가설의 변인과 어떤 관계의 가설인지 분석해 보세요.

이론	귀인 이론	
가설		
변인분석	독립변인	종속변인
	범주형변인	연속형변인
관계분석	차이의 가설	관계의 가설
	양의 관계	음의 관계

2) '귀인' 이론을 7가지 비평 기준에 맞춰 비평해 보세요.

2변인 가설 비평	검증가능성(Testability) / 반증가능성(Falsifiability) 검증
예측력 (Predictability)	
간결성/경제성 (Parsimony)	
설명력 (Explanatory power)	
유효범위 (Scope)	
아름다움/미학 (Aesthetics)	

커뮤니케이션 이론 활용서

Communication Theory and Practice

III

상황별 커뮤니케이션 활용

앞서 다뤘던 커뮤니케이션의 이론들을 활용해서 일상생활에서 활용 가능한 커뮤니케이션 상황을 관찰해 보고 이를 이론으로 적용해서 발표해 보도록 합시다.

아래의 표를 작성하고 자체 평가를 해보시기 바랍니다.

	커뮤니케이션 이론 및 실습
팀 구성 (인원, 조원 이름)	
적용한 이론명	
자체 평가 기술	
교수 평가 및 피드백	

부록 발표 시 효과적인 목소리 만들기 4가지 TIP

1. 복식 호흡하기

아무리 좋은 발음, 발성, 언변을 갖고 있다고 해도 말의 기초체력인 호흡력이 부족하다면 자신이 전하고자 하는 바를 자신 있게 전하기 어렵습니다. 호흡은 다른 말로 '안정감'이라고도 표현할 수 있는데 이 호흡이 짧으면 불안해 보이고 자신감도 결여되어 보이기 때문입니다.

말의 기초체력인 호흡력을 길러야 긴장을 완화할 수 있습니다.
깊이 들이마시고 내쉬는 깊은 복식 호흡을 통해 긴장을 덜어내면 말이 안정적으로 나오고 자신감도 표현될 수 있습니다. 긴장되는 상황이나 스트레스를 받는 상황에 숨을 깊이 들이쉬어 보라는 조언을 들어본 적 있을 것입니다.
이 숨을 깊게 들이 내쉬는 일련의 행동이 바로 '복식 호흡'입니다.

흔히들 복식 호흡에 대해 배로만 호흡하는 호흡법이라고 말합니다. 하지만 잘못 알고 있는 것입니다. 우리는 폐를 이용해서 호흡을 하기 때문에 당연히 흉식호흡을 할 수밖에 없습니다. 그래서 제대로 된 '복식 호흡'이란 흉식호흡과 복식 호흡을 합친 호흡을 말하는 것입니다.

즉, 흉식호흡을 통해 얻은 공기를 배까지 깊이 끌어당겨와 담고 다시 배에서 출발해 흉식으로 내보는 일련의 과정이 바로 복식 호흡입니다.

복식 호흡 방법은 다음과 같습니다.

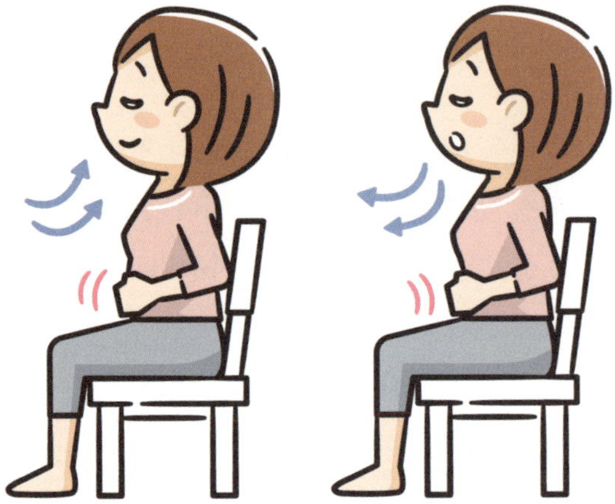

위의 그림처럼 의자에 기대지 않고 직각을 유지한 자세로 먼저 입으로 공기를 내보내 보세요. 풍선에서 바람이 빠질 때를 상상하며 우리의 배가 풍선이라고 생각하고 공기를 입으로 내보내 보세요. 이때 입으로 쉬익~~소리를 내면서 빼면 더 효율적입니다.

한꺼번에 다 빼려고 하지 말고 10초 이상 길게 소리를 내며 배에 있는 공기를 다 빼보세요. 이때 왼손이 쏙 들어가는 것을 느끼면서 지속해 주세요.

이렇게 공기를 다 빼내었다면 아직 숨을 마시지 말고 입을 다문 상태에서 잠깐 호흡에 집중하며 3초간 참아보세요.

그리고 이번에는 코를 통해 공기를 들이마시세요. 이때 주의할 점은 코로 공기를 들이마시면서 흉부가 올라오고 배가 들어가게 하지 않는 것입니다.

오른손으로 흉부를 지그시 누르며 흉부가 부풀지 않도록 하고 반대로 왼손은 배가 나오는 것을 느낄 수 있도록 힘을 뺍니다. 즉 코를 통해 공기를 들이마시며 배가 볼록하게 나오도록 하는 거예요. 풍선에 바람을 집어넣는다고 생각을 하면서요. 이렇게 10초간 공기를 들이마시면 됩니다.

5초 정도 됐는데 더는 공기가 안 마셔진다는 분들도 계시는데요. 이때는 배에 집중해 보세요. 배를 의도적으로 나오게 해보는 거예요. 스포이트처럼 저절로 공기가 코로 들어갈 겁니다.

이렇게 꾸준히 10-3-10 규칙으로 복식 호흡을 매일 20~30분씩 연습해 보세요.
말의 기초체력인 호흡력이 길러질 것입니다.

2. 첫 음에 힘주기

첫 음에 힘을 주게 되면 전달력이 높아지게 되고 말에 힘이 들어가서 자신감 있게 비칠 수 있답니다.

예를 들어 [안녕하십니까? 저희 조 발표 시작하겠습니다.] 이렇게 인사하는 순간부터 첫 음절에 힘을 주어보세요.

예)

안! 녕하십니까~ 저!희조 발!표 시!작하겠습니다.

이렇게 느낌표 앞부분 음절에 힘을 주어보는 것입니다.

작은 목소리를 가진 분들이라면 더욱 이 노력을 기울여보세요. 작은 목소리를 큰 목소리로 바꾸기란 사실 쉽지 않은 일입니다. 발표라는 짧은 시간 안에 목소리에만 비중을 둘 수도 없는 노릇이고요.
이때 첫 음절만이라도 힘주는 연습을 하게 되면 비록 목소리는 작을지언정 전달하는 데 있어서 자신감 있게 비칠 수 있답니다.

3. 발음 명확하게 하기

발표 시 가장 중요한 것 중의 하나가 바로 전달력입니다. 전달력을 갖춰야 발표에 힘이 실리고 듣는 이들로 하여금 신뢰를 형성할 수 있기 때문입니다.

이 전달력의 핵심은 바로 명확한 발음입니다.
부정확한 발음 때문에 전달하고자 하는 의미가 제대로 전해지지 못해 이중 해석으로 이어지게 되는 경우를 종종 본 적 있으실 것입니다. 그렇기 때문에 정확하게 발음하려는 노력이 필요합니다.

그 방법으로는 **첫째 받침 발음을 명확하게 하도록 노력해 보세요.**

받침 발음을 정확하게 하지 않았을 때 의미 전달이 달라질 수 있을 뿐 아니라 성숙도에도 영향을 미칠 수 있습니다.
특히, 'ㄴ'받침을 'ㅇ'으로 발음하게 되는 경우 아이와 같은 인상을 줄 수 있습니다.

예)

[안녕하세요 반갑습니다.] → 앙녕하세요 방가습니다

위의 예시처럼 'ㄴ'받침을 'ㅇ'로 발음하거나 받침을 제대로 사용하지 않는 경우 타인에게 똑부러진 인상을 주기 어렵습니다. 다시 말해 발표 내용에 대한 신뢰까지 잃게 할 수 있습니다.

그러므로 받침 발음을 신경 써서 발음하도록 노력해 보시기 바랍니다.

두 번째 이중모음 정확하게 발음해 보는 연습을 해보세요.

중요한 발음 구사 방법의 하나는 이중모음입니다. 이중모음이란 입을 두 번 움직여서 발음하는 모음을 말하는데요. 아래의 예시가 바로 그것입니다.

예)

[이중모음]

'ㅑ', 'ㅒ', 'ㅕ', 'ㅖ', 'ㅘ', 'ㅙ', 'ㅛ', 'ㅝ', 'ㅞ', 'ㅠ', 'ㅢ'

우리나라 사람들은 한국어를 모국어로써 사용하면서 자연스럽게 편하게 발음을 구사하게 되는데요. 그러다 보니 입을 게을리 사용하는 경우가 참 많습니다.

단순히 '사과'의 경우 편하게 '사가'로, '과장님'의 경우 '가장님'이라고 발음을 구사합니다.

그렇게 해도 의미 전달이 다 되기 때문이지요. 하지만 중요한 발표를 앞두고 있다면 반드시 정확하게 발음하도록 노력해야 합니다.

이 이중모음 발음을 정확하게 하면 똑 부러진 인상을 남기게 되고 자연스럽게 발표자를 신뢰하게 되면서 발표 내용에 대한 신뢰성도 높일 수 있습니다.

예)

1. [커뮤니케이션 이론과 실습을 통해 해당 이론의 형성 과정을 설명하겠습니다.]

↓

2. [커뮤니케이션 이론가 실습을 통해 해당 이론의 형성 가정을 설명하겠습니다.]

위의 문장을 순서대로 연습해 보세요.

어떠세요? 단모음으로 발음한 두 번째 문장보다 첫 번째 이중모음을 제대로 발음하는 경우가 좀 더 야무져 보이지요? 무엇보다 과정을 가정으로 발음하면 그 의미 자체가 달라지게 되겠지요?

평소에 이중 모음이 잘되지 않는다고 느낀다면 아래 예시의 이중모음을 자주 연습해 보시기 바랍니다. 이때 입을 크게 벌려서 정확하게 이중모음으로 발화되도록 연습하는 것이 중요합니다.

예)

[발음연습]

갸냐댜랴먀뱌샤야쟈챠캬탸퍄햐

겨녀뎌려며벼셔여져쳐켜텨펴혀

과놔돠롸뫄봐솨와좌촤콰톼퐈화

궈눠둬뤄뭐붜숴워줘춰쿼퉈풔훠

규뉴듀류뮤뷰슈유쥬츄큐튜퓨휴

교뇨됴료묘뵤쇼요죠쵸쿄툐표효

괴뇌되뢰뫼뵈쇠외죄최쾨퇴푀회

4. 동그랗게 발성하기

'두려움은 즉시 하면 그뿐, 바람은 계산하는 것이 아니라 극복하는 것이다.'

최종 병기 활이라는 영화 속 주인공의 대사입니다. 신궁의 실력으로 병자호란 속에서 청나라의 정예 요원들과 맞서기 위해 주인공은 과녁을 향해 시위를 당기는 연습 중입니다. 하지만 어찌 된 일인지 나무 위 과녁에 활이 전혀 맞지 않는 것입니다.

아이러니하게도 주인공은 '드디어 하산할 때가 되었다'면서 과녁을 등지고 적장을 향해 나아갑니다. 의아해하고 있던 관객들에게 카메라 앵글은 과녁 뒤 나무의 모습을 보여줍니다. 과녁은 바로 나무 뒤에 있었던 것입니다.

활은 직선이 아닌 곡선으로 바람을 극복하며 나무 뒤의 과녁을 정확하게 명중한 것입니다.

말도 마찬가지입니다. 직선으로 말하면 헛수고가 됩니다. 상대도 직선으로 반응합니다. 서로에게 비수가, 비난이, 아픔이 되고 맙니다. 따지는 듯한 직선의 발성은 상대방을 거북하게 하고 지치게 합니다.

하지만 곡선으로 말하면 곡선으로 돌아옵니다. 부메랑처럼요. 서로에게 따뜻함이 되고 신뢰가 되고 배려가 됩니다. 기분 나쁘지 않게 허를 찌르는 말로 설득력을 높일 수도 있습니다.

그래서 말을 할 때는 날카로운 직선이 아닌 곡선이, 포물선이, 무지개가 되도록 말해야 합니다.

포물선의 발성을 위해서는 처음에 힘을 주면서 소리를 밀며 끝 음을 동그랗게 말아주면 됩니다. 이렇게 무지개를 건너는 것과 같은 동그란 발성을 하게 되면 따뜻함이 되고 호감이 됩니다. 발표자에게 호감 가는 매력적인 이미지를 심어줄 수 있습니다.

또한, 끝 음을 동그랗게 말아서 발성하게 되면 끝 음을 흐지부지하게 흐리게 하는 버릇도 고칠 수가 있습니다. 끝 음이 흐리다는 것은 말에 자신감이 없다는 것이고 이는 자기 확신을 가지고 있지 못하다는 인상을 주어 발표 시 청중들에게 좋은 평을 받을 수 없겠지요?
그러므로 끝 음을 동그랗게 말아주세요.

이 방법은 손을 이용하며 연습하면 훨씬 유용합니다. 사람은 듣는 것보다 보고 따라 하는 행동을 통해 더 오래 기억되기 때문인데요. 다음을 따라 해보시기 바랍니다.

종이컵과 탁구공을 준비해 두세요.
그리고 종이컵에 탁구공을 넣는 게임을 해보는 것입니다.
온 신경을 집중시켜 탁구공을 잡고 포물선을 그리며 던져야 종이컵에 넣을 수 있겠지요?

말도 마찬가지예요.
말을 할 때도 어떤 말을 어떻게 할지 신중하게 해야 합니다. 또 날카로운 직선이 아니라 포물선이 되도록 해야 상대의 마음을 살 수 있습니다.

이번에는 탁구공을 손에 쥔 상태에서 벽에 탁탁하고 던져보세요. 던지는 순간 첫 손목에 힘이 들어가고 탁구공이 떨어지는 순간 손목이 동그랗게 떨어지지요? 이렇게 목소리도 상대에게 전달된다고 생각하면서 탁구공을 던지며 말하기 연습을 하면 공명 발성을 더욱 잘할 수 있게 된답니다.

[안녕하세요]를 말하며 동시에 포물선을 그리며 탁구공을 던지는 연습을 해보시기 바랍니다. 말속에 무지개가 담길 것입니다. 발표 시 멋진 무지개를 볼 수 있을 것입니다.

참고문헌

1. 20세기의 매체 철학 - 심혜련

2. 사회학 사전 - 고영복

3. 21세기 정치학 대사전 - 정치학대사전편찬위원회

4. How to build social science theories - shoemarker et al. 2019

5. 지형 공간정보체계 용어사전 - 이강원, 손호웅

6. 커뮤니케이션 핵심 이론 - 오미영,정인숙

7. 이성 설득의 힘(이성 설득 전략, 2016.11.10., 남인용, 정승혜)

8. 김이환, 판류, 이상철, 서영호 (2012년). 트위터의 정보가 지속 사용 의도에 미치는 영향 : 정교화 가능성 모델을 중심으로. 한국IT서비스학회지, 11(3), 49-65.

9. 나은영(1994년). 태도 및 태도 변화 연구에 대한 최근 동향. 한국심리학회지 사회 및 성격, 8(2). 3-33.

10. 양윤, 최윤식, 나은영, 홍종필, 김철민, 김연진 (2011년). 광고심리학. 서울 : 학지사.

11. 이학식, 안관호, 하영원 (2010년). 소비자행동 - 마케팅 전략적 접근. 서울 : 법문사. 임종원, 김재일, 홍성태, 이유재 (2010년). 소비자 행동론 - 이해와 마케팅에의 전략적 활용. 서울 : 경문사.

12. 한규석(2011년). 사회심리학의 이해. 서울: 학지사.

13. Hawkins & Mothersbaugh(2011년). 호킨스의 소비자 행동론(이호배, 김학윤, 김도일 옮김).

14. 첫눈에 반한 커뮤니케이션이론 - 김동윤,오소현

15. 설득 심리 이론, 2013. 2. 25., 김재휘

16. 상식으로 보는 세상의 법칙 : 심리편, 이동귀

17. 면접 합격 하이패스 스피치 - 김보은

18. 네이버지식백과

19. 네이버심리학용어사전

20. Cialdini, R., Petty, R. E., & Caccioppo, J. T. (1981년). Attitude and attitude change. Annual Review of Psychological Review, 32(1), 357-404.

21. Greenwald, A. G. (1968년). Cognitive learning, cognitive response to persuasion, and attitude change. Psychological Foundations of Attitudes. San Diego, CA: Academic Press.

22. Haugtvedt, C. P., Petty, R. E., & Cacioppo, J. T. (1992년). Need for cognition and advertising: Understanding the role of personality variable in consumer research. Journal of Consumer Psychology, 1(3), 239-260.

23. McGuire, W. J. (1986년). The vicissitudes of attitudes and similar representational constructs in twentieth century psychology. European Journal of Social Psychology,

24. 89-130.Petty, R. E., & Cacioppo, J. T. (1986년). The elaboration likelihood model of persuasion. Advances in Experimental Social Psychology,

25. 123-205.Petty, R. E., Cacioppo, J. T., & Schumann, D. (1983년). Central and peripheral routes to advertising effectiveness: The moderating role of involvement. Journal of Consumer Research, 135-146.